A SENDA LIBERTADORA DA ROSA-CRUZ

O APOCALIPSE DA NOVA ERA

CINCO CONFERÊNCIAS DE RENOVAÇÃO DE AQUARIUS

POR

J. VAN RIJCKENBORGH

E

CATHAROSE DE PETRI

I BILTHOVEN 1963
II CALW 1964
III BAD MÜNDER 1965
IV BASILEIA 1966
V TOULOUSE 1967

A SENDA LIBERTADORA DA ROSA-CRUZ

O APOCALIPSE DA NOVA ERA IV

QUARTA CONFERÊNCIA DE RENOVAÇÃO DE AQUARIUS
BASILEIA, SUÍÇA 1966

POR

J. VAN RIJCKENBORGH

E

CATHAROSE DE PETRI

Série Apocalipse
VOLUME IV

LECTORIUM ROSICRUCIANUM

2012

Título original:
Het vrijmakende pad van het Rozenkruis

2012

IMPRESSO NO BRASIL

Lectorium Rosicrucianum
Escola Internacional da Rosacruz Áurea

Sede Internacional
Bakenessergracht 11-15, Haarlem, Holanda
www.rozenkruis.nl

Sede no Brasil
Rua Sebastião Carneiro, 215, São Paulo, SP
www.rozacruzaurea.org.br

Sede em Portugal
Travessa das Pedras Negras, 1, 1.º, Lisboa, Portugal
www.rosacruzlectorium.org

Dados Internacionais de Catalogação na Publicação (CIP)
(Câmara Brasileira do Livro, SP, Brasil)

Rijckenborgh, J. van, 1896–1968.
A senda libertadora da Rosa-Cruz : Cinco conferências de renovação de Aquarius / por J. van Rijckenborgh e Catharose de Petri ; [tradução equipe de tradutores do Lectorium Rosicrucianum]. – Jarinu, SP : Lectorium Rosicrucianum, 2012. – (Série O apocalipse da nova era ; v. 4)

Título original: *Het vrijmakende pad van het Rozenkruis*
ISBN: 978-85-62923-14-2

1. Rosacrucianismo - Discursos, ensaios, conferências
2. Revelação I. Petri, Catharose de. II. Título. III. Série.

12-09914 CDD–135.43

Índices para catálogo sistemático:

1. Rosa-Cruz : Ordem : Ciências ocultas 135.43
2. Rosacrucianismo : Conferências : Ciências ocultas 135.43

Caixa Postal 39 — 13.240-000 — Jarinu — SP — Brasil
Tel. (11) 4016.1817 — FAX (11) 4016.3405
www.pentagrama.org.br
livros@pentagrama.org.br

Sumário

Local de serviço durante a Conferência de Aquarius em Basileia

Prefácio

Com esta publicação divulgamos o tema das alocuções e dos rituais da quarta Conferência de *Aquarius,* proferida em agosto de 1966, em Basileia, na Suíça.

No capítulo 1 o leitor encontra o texto da alocução da reunião aberta ao público que precedeu a conferência. O texto da conferência propriamente dita, proferida por Catharose de Petri e J. van Rijckenborgh, corresponde aos capítulos de 3 a 7, e o texto dos serviços de abertura e de encerramento, proferidos pelo *Presidium*[1] da Suíça, correspondem aos capítulos 2 e 8 respectivamente.

Que o conteúdo deste pequeno livro possa falar e testemunhar por si mesmo. Ninguém pode evadir-se a uma reflexão profunda sobre o que se realiza de modo irresistível em todos nós e para todos nós, ao desejar encontrar seu lugar na agitação de nossa época. E é para isso que este quarto volume de nossa série *O Apocalipse da nova era* quer servir de fio condutor. Esperamos, e rogamos para isso, que ele possa ser um auxílio para que muitos compreendam os sinais dos tempos e possam perceber as consequências o mais breve possível.

Os editores

---

[1] Órgão diretivo do Lectorium Rosicrucianum (N.E.).

Reunião pública

I

Quem são os rosa-cruzes?

Estamos preenchidos de grande alegria e profunda gratidão por podermos dar as boas-vindas a todos, aqui, nesta noite, em nome da Escola Internacional da Rosacruz, o Lectorium Rosicrucianum. Como foi anunciado, vamos falar sobre os rosa-cruzes e esclarecer um pouco mais alguns aspectos ligados a esse assunto.

Se examinarmos retrospectivamente a história, verificaremos que sempre de novo se falou sobre os rosa-cruzes nos últimos seis a sete séculos. Todavia, essa sublime Fraternidade existe na realidade há muito mais tempo. Essa Ordem foi formada imediatamente após a queda da humanidade e, mediante revelação divina, recebeu o conhecimento do caminho ao longo do qual a humanidade pode ser novamente libertada de sua profunda submersão.

Embora essa Fraternidade imortal sempre tenha trabalhado exclusivamente para a libertação da humanidade, através dos tempos teve de sofrer muita calúnia e perseguição. Sempre se tentou frustrar seu trabalho, o que acontece cada vez mais facilmente com o abuso de seu nome e a fundação de movimentos que se adornam com o nome rosa-cruz, porém visam a objetivos completamente diferentes.

Contudo, aproxima-se rapidamente um tempo em que grande parte da humanidade entenderá e perceberá a verdade sobre a Rosa-Cruz. Da rede de mentiras e engano, que desde há muito tempo foi tecida em torno dessa sublime Ordem, um monumento de incomparável e imaculada beleza se erguerá, a saber: o cristianismo universal dos rosa-cruzes, um cristianismo que *sempre* foi compreendido somente por poucos.

Logo despontará o dia em que muitos acolherão em si a luz e o amor da cruz com grande comoção, como no caso de Saulo, e despertarão de sua cegueira espiritual com olhos novos, como Paulo.

Quem são de fato os rosa-cruzes?

Como foi dito, os rosa-cruzes formam a Fraternidade mais antiga que se conhece. Antes que se pudesse falar de todos os grandes líderes espirituais da humanidade, por nós conhecidos na mais antiga história, já existia a Igreja Interior, a Comunidade Interior da Rosa-Cruz Universal. Dessa comunidade interna da luz provinham todos os grandes e sublimes, a fim de trabalhar pela humanidade decaída. Por isso, os mistérios confiados aos rosa-cruzes contêm tudo o que pode ser conhecido sobre Deus, a natureza e o homem. Todo sábio que já existiu foi um aluno dessa Fraternidade e dela recebeu a verdadeira sabedoria.

Os rosa-cruzes estudam apenas *um* livro: o livro da vida. Seu local de reunião é o templo do Espírito Santo, o qual permeia a natureza inteira. Para os eleitos, como diz a Fraternidade, esse templo é fácil de encontrar, porém permanece oculto aos olhos da grande massa. Seus segredos estão livremente à disposição de todo homem capaz de recebê-los. Portanto, a manutenção do segredo não surge da falta de presteza em comunicá-lo aos outros, mas exclusivamente da capacidade de recepção insuficiente dos que anelam pela sabedoria divina.

Ora, a Fraternidade da Rosa-Cruz trabalha no mundo a fim de tornar o ser humano receptivo à verdade, à sabedoria e ao amor divinos. Ela trabalha não apenas com palavras, mas em primeiro lugar com força de radiação que se dirige ao coração dos homens. Com essa força de radiação ela tenta despertar em muitos seres humanos o átomo-centelha-do-espírito, esse centro espiritual misterioso que está situado no ápice do ventrículo direito do coração. Se ela conseguir despertar esse núcleo vital escondido, essa centelha da alma no coração humano, pode ser realizado um maravilhoso processo, designado renascimento da alma.

Nesse processo de crescimento interior, a alma recém-nascida desenvolve-se cada vez mais, torna-se sempre mais luminosa, a fim de elevar-se, um dia, em glória imensurável e penetrar os mais distantes lugares com sua luz radiante. Além da grandiosa libertação ofertada ao ser humano em questão, esse processo traz também auxílio e bênção a todos os que ainda suspiram nas algemas da vida terrena, porque a luz-alma do amor divino, que se expande, torna-se um resgate para muitos.

Para que essa sublime meta possa ser alcançada melhor e mais depressa, há muitos anos a Escola Espiritual da Rosacruz Áurea foi chamada à existência como um instrumento de trabalho nas mãos da Fraternidade. Nessa Escola não se recebem dogmas, mas uma nova força para alcançar o renascimento; pois a Escola Espiritual da Rosacruz Áurea constitui um campo de trabalho, um campo de radiação do Espírito Santo.

Semelhante campo de radiação é edificado pelos enviados da Fraternidade da Rosa-Cruz, que já alcançaram a liberdade e a imortalidade numa existência terrena anterior e voluntariamente retornaram à terra, a serviço de seus semelhantes.

Nesta noite, temos o grande privilégio de ter entre nós dois enviados da Fraternidade da Rosa-Cruz e fundadores da Escola Espiritual moderna, o senhor J. van Rijckenborgh e a senhora Catharose de Petri. Esses dois enviados formam o núcleo de um trabalho rosa-cruz gnóstico em nossa era. Desse foco espiritual emanam, incessantemente, radiações, correntes de luz astral pura. A essas radiações e forças são ligados todos os que se aproximam por livre vontade da Escola Espiritual e desejam viver de sua fonte central, que é amor. Desse momento em diante, esses seres humanos são admitidos num processo alquímico que se inicia no átomo-do-coração e, um dia, encontrará sua coroação no renascimento tríplice, segundo espírito, alma e corpo.

A alquimia dos rosa-cruzes

No ano de 1919, o físico inglês Ernest Rutherford conseguiu, pela primeira vez, transformar átomos de maneira experimental. Pelo bombardeio de átomos de nitrogênio com partículas alfa, surgiram átomos de oxigênio e de hidrogênio. Com isso, a ciência atômica moderna teve êxito na transformação dos elementos. O antiquíssimo desejo de transformar metais ordinários em ouro parecia prestes a realizar-se. Dessa forma, julgou-se que se alcançara a pista do segredo dos antigos alquimistas e acreditou-se que se solucionara o enigma da alquimia, a arte de fabricar ouro. Portanto, não surpreende que a atual transformação dos núcleos atômicos seja designada como alquimia moderna.

Todavia, essa interpretação baseia-se num grande equívoco, pois, na verdadeira alquimia, na autêntica arte de fabricar ouro, não se trata do ouro terrestre visível, mas de processos microcósmicos ocultos, que desde tempos imemoriais constituem o núcleo dos mistérios divinos. A transformação de metais ordinários em ouro deve ser compreendida, então, também de modo simbólico: a verdadeira fabricação do ouro relaciona-se com processos espirituais e anímicos, que têm como objetivo o perfeito renascimento, a perfeita recriação do homem. A alquimia autêntica refere-se, então, também ao ouro do Espírito.

A pedra filosofal, que tantos procuraram em vão, não se encontra no reino mineral, pois essa pedra divina de construção está submersa como semente no coração humano. O reino de Deus está no próprio homem. A essência do Espírito está concentrada num ponto oculto no coração humano. É aí que se encontra a pedra filosofal.

Como já indicamos, encontra-se no ápice do ventrículo direito do coração humano um misterioso centro espiritual que é denominado "grão de semente Jesus", "rosa-do-coração" ou, em termos mais modernos, "átomo-centelha-do-espírito" ou "átomo de Cristo". Nesse grão de semente da alma dormita imenso poder de despertar o homem interior, o homem celeste, que é constituído por substância original áurea.

O desenvolvimento desse homem interior, desse portador de luz, é em verdade uma arte real. Não é um processo natural, no sentido comum da palavra, mas um processo alquímico, espiritual. Por isso, esse processo deve começar no átomo-centelha-do-espírito. Somente o átomo-centelha-do-espírito, como elixir divino, como pedra filosofal submersa no homem, tem o poder de transformar o chumbo da natureza no ouro do Espírito.

Da força de radiação do átomo-centelha-do-espírito, ou átomo de Cristo, nasce a nova alma, que, de seu núcleo, construirá para si um corpo-alma. Esse corpo-alma possui um matiz áureo magnífico e envolve o ser humano como um manto. Quem souber tecer para si semelhante veste-de-luz áurea obterá novamente a ligação com o espírito divino.

Dessa união entre alma e espírito, dessas "núpcias alquímicas" – como os rosa-cruzes clássicos denominavam esse processo alquímico – nasce o Filho da Plenitude, o homem celeste interior.

Sabemos, como homens modernos, que imenso poder dormita oculto no átomo. E conhecemos também os perigos indescritíveis que estão relacionados com a fissão atômica experimental, perigos dos quais os cientistas atômicos responsáveis estão plenamente conscientes. Contudo, eles não são capazes de abandonar seus experimentos, porque são, por assim dizer, levados por um impulso interior.

A doutrina da Rosa-Cruz moderna também nos esclarece que, além do já mencionado foco atômico no coração, o átomo-centelha-do-espírito, ou átomo de Cristo, existe ainda um foco atômico no santuário da cabeça do ser humano. Esse átomo na cabeça, também chamado de átomo luciferiano, ardia outrora na luz do átomo do coração, ou átomo de Cristo. O átomo luciferiano na cabeça era, então, o reflexo do átomo do coração, sendo efetiva a unidade entre coração e cabeça; e os pensamentos do homem realizavam-se pela mão de Deus, pela mão do Espírito.

No entanto, essa unidade gloriosa foi quebrada. Desde tempos imemoriais o átomo luciferiano no santuário da cabeça deixou de obedecer ao átomo de Cristo no coração, atribuindo a si a direção de todo o sistema vital humano e desorganizando-o estruturalmente sob todos os aspectos. O entendimento humano inflamou-se em Lúcifer, e assim o homem é aprisionado na reação em cadeia de seus pensamentos coercitivos: o ser humano nascido da natureza não *vive,* mas é *vivido.*

Devido à força ímpia dos pensamentos, o processo alquímico que dessa maneira nele se efetua é caracterizado por uma ação dupla: exteriormente por explosão e destruição, interiormente por cristalização e morte. Unicamente se o homem retornar à verdadeira alquimia, para a qual o renascimento da alma é pré-requisito, ser-lhe-á possível libertar o homem celeste interior e com isso obter para si a liberdade eterna.

Muito nos alegra poder falar aqui em Basileia sobre essas coisas. Afinal de contas, há quatrocentos e quarenta anos vivia nesta cidade um autêntico alquimista, cujo nome certamente conheceis, que não foi compreendido por seus contemporâneos: Theophrastus Paracelsus von Hohenheim, mais conhecido como Paracelso. Durante algum tempo ele ocupou a cátedra de professor de ciência e medicina, exercendo, ao mesmo tempo, a profissão de médico da comunidade.

Paracelso era dotado de discernimento e forças, utilizados na química interior para a libertação do homem interior, que o tornavam, entre outras coisas, também um verdadeiro médico, um legítimo cirurgião, um sanador genuíno, cuja missão mais profunda era a santificação do homem.

Nesse sentido, cura, restabelecimento, é sempre santificação, com base na nova alma renascida.

O mistério da alma

> "Que aproveita ao homem ganhar o mundo inteiro e perder a sua alma?"

Nestas palavras, que certa vez Jesus, o Senhor, dirigiu a seus discípulos, apoia-se toda a estrutura da autêntica alquimia, a estrutura do renascimento da água e do Espírito. A alma tem um significado predominante como elo entre Espírito e corpo, pois com sua pura essência divina, como alma-espírito, ela torna-se o intérprete luminoso do Espírito incognoscível e, além disso, torna possível o influxo da força do Espírito no corpo. Sem alma não há consciência e, portanto, não há ligação com a manifestação do Espírito. O desejo de cada ser animado ressoa como um grito através do universo: o desejo primordial por segurança e paz, que se expressa nas palavras: "Livra minha alma, ó Deus!"

A exortação à renovação da alma, ao renascimento da alma, perpassa os evangelhos como um fio de ouro, e as escrituras sagradas de todos os tempos encontram-se tão repletas de referências a essa exigência que, espontaneamente, surge a pergunta: "Então, o que é propriamente a alma"?

A alma é um fogo, um princípio ígneo. Por isso, fala-se de fogo da alma. Na terminologia da Rosa-Cruz moderna, esse fogo da alma é um gás de hidrogênio ardendo em oxigênio. Sabemos que sem fogo não há combustão, nem transformação de substâncias.

No universo visível, denominado a "casa da morte" por Jacob Boehme, acendeu-se um fogo ímpio, uma concentração de hidrogênio que não arde em harmonia com o plano divino. Desde há muito tempo, esse fogo é indicado na Doutrina Universal como "Lúcifer". Qualquer ser humano nascido da natureza traz em si esse fogo não divino como flama da alma. Assim diz Shankara: "Como numa torrente ininterrupta de oferendas para sacrifício, são jogados nesse fogo os objetos do desejo, mediante os quais surge o universo visível".

Esse princípio anímico luciferiano proporciona certa consciência ao homem nascido da natureza: a consciência que lhe é característica, e, em harmonia com ela, também uma atividade mental e sentimental. Por isso, podemos afirmar que o pensar humano é inflamado em Lúcifer e produz ações correspondentes. Se tiverdes isso diante dos olhos, ficará claro por que o mundo e a humanidade são como são.

Segundo a Doutrina Universal, todo o imenso espaço, o universo, é preenchido por substância original. Essa matéria original consiste em átomos de vários elementos em estado dissociado. Ela é o material do qual provém e é edificada toda a criação.

Assim, o ser humano pode ser comparado a uma pilha atômica, pois sua figura corporal quádrupla também é constituída de incontáveis átomos. Esses átomos de sua figura corporal estão polarizados em sintonia com o fogo ímpio da alma que arde no homem nascido da natureza. Suas polarizações apontam na direção da vida espaço-temporal da ordem dialética do mundo.

E como a vida deste mundo é apenas vida aparente, e o que é aparente não pode ser conservado, a figura corporal sempre de novo perece, e os átomos que constituem essa figura retornam à sua origem. Se quiserdes vencer a morte, então os átomos da personalidade devem ser receptivos a uma polarização completamente diferente. Para isso é necessário que apagueis o princípio ígneo luciferiano em vós e acendais em vós outro fogo da alma: o fogo de Cristo.

No ponto central do microcosmo, no coração, localiza-se o já muitas vezes mencionado átomo-centelha-do-espírito ou átomo de Cristo. Esse átomo pertence a uma ordem mundial diferente daquela dos outros átomos da figura corporal. É o átomo a respeito do qual diz um poeta: "Um único átomo divino seria melhor que mil paraísos".

Quando esse átomo divino se torna ativo, dele emana uma força nova e santificante. Uma nova luz começa a manifestar-se no coração, o que pode ser indicado como o nascimento da nova alma, da alma divina.

Quando essa nova luz da alma, essa luz de Cristo, começa a irradiar no coração e penetra o ser, todos os átomos da personalidade são inspirados por essa corrente divina. Então, a polarização dos átomos modifica-se gradualmente: eles são espiritualizados. Disso resulta uma nova consciência, uma nova mentalidade. Em outras palavras: mediante a nova alma e a nova consciência, a força do Espírito aflui ao corpo e efetua sua transfiguração. Esse é o mistério do renascimento evangélico.

Primeiro, é necessário que nos tornemos renascidos segundo a alma mortal e, em seguida, edifiquemos o corpo-alma. Então, do "chumbo da natureza" surgirá o "ouro do Espírito". Então o corruptível será transformado em incorruptível, como Paulo expressa em sua Primeira Epístola aos Coríntios:

> "Semeia-se o corpo na corrupção, ressuscita na incorrupção. Semeia-se em desonra, ressuscita em glória. Semeia-se em fraqueza, ressuscita em poder. Semeia-se corpo natural, ressuscita corpo espiritual. Se há corpo natural, há também corpo espiritual. Pois assim está escrito: O primeiro homem, Adão, foi feito alma vivente. O último Adão, porém, é espírito vivificante."

Que possais estar profundamente imbuídos dessa grandiosa verdade.

A Rosa-Cruz em nossa época

Estamos no início de uma nova era mundial. Em geral, o período que se encontra diante de nós é denominado era de *Aquarius* ou era de Aquário, porque o ponto vernal entrou no signo zodiacal de Aquário. Com isso começa um novo capítulo no desenvolvimento da terra e da humanidade, pois as influências da era de Aquário que desponta fazem-se sentir cada vez com mais força e trarão ao mundo e à humanidade mudanças radicais.

Com essa revolução cósmica, virá até nós, provinda do campo original de vida humana, uma energia radiativa de vibração muito elevada, que aumenta constantemente em força. A atmosfera da terra também será afetada por essa revolução cósmica. E, sabendo o quanto o homem está ligado com a atmosfera que o cerca, sua substância respiratória, podemos verificar que a alteração da atmosfera exerce enorme influência sobre o comportamento natural, moral e espiritual da humanidade. Por meio dessas novas influências de radiação intercósmicas, a composição da atmosfera terrestre passa por grande modificação, conforme profundo desígnio divino. Se não souber adaptar-se segundo o corpo, a alma e a consciência, naturalmente o homem será confrontado com dificuldades insuperáveis, tanto no que se refere ao corpo como à alma.

Por outro lado, a era de Aquário também contém em si grandes e gloriosas possibilidades, pois quem souber reagir de modo positivo a essa força atmosférica de Cristo verá despontar em sua vida o novo sol, o sol do Espírito. Nesse período será efetivamente possível para o homem liberto, o filho de Deus, retornar à casa do Pai.

Todavia, para poder reagir de modo positivo a essa força atmosférica de Cristo, o ser humano necessita de um mediador, ou seja, a nova alma renascida. Somente essa nova alma está em condição de adaptar-se de modo harmonioso ao desenvolvimento cósmico atual. Contudo, como já verificamos, o ser humano nascido da natureza não possui essa alma-espírito, e esta também não lhe cai do céu sem mais nem menos.

É bem verdade que o homem dispõe de uma alma natural, o princípio ígneo luciferiano. No entanto, se essa alma natural não renasceu no decorrer da vida, ou seja, se não se dissolveu na gloriosa alma-espírito, ela se desagregará após a morte.

Por isso, para qualquer ser humano a questão decisiva é: Como conseguir o renascimento da alma? De que maneira pode-se adquirir a alma-espírito? As torrentes de força pura da supranatureza, as torrentes de força do reino de Deus, são demasiado elevadas em sua vibração e não podem ser assimiladas pela alma natural. Como resolver essa dificuldade? É aí que a Fraternidade da Rosa-Cruz Áurea atua como mediadora para o ser humano. Ela introduz todos os que buscam a renovação da alma num campo de força, num campo de radiação, cuja vibração pode ser suportada pelo homem nascido da natureza, e com a qual ele pode trabalhar para seu restabelecimento, para sua cura. Esse campo de radiação brilha com grande magnificência e liga-se ao foco formado aqui na terra pelos enviados da Fraternidade.

Essas radiações dirigem-se a todos os que por elas anseiam, mas em especial ao coração dos que se aproximam da Escola Espiritual, a fim de ligar-se a elas. Dito de outro modo: a Escola Espiritual é um campo eletromagnético intenso, onde estão ativas diversas radiações, vibrações e energias, com a finalidade de despertar para a vida superior, para a vida espiritual, todos os que ingressam nesse campo de radiação. É impossível que um homem possa participar da vida divina somente com base em devotamento burguês ou religiosidade reconhecida oficialmente.

Antes que a alma-espírito possa desenvolver-se, a antiga figura natural deve ser demolida em sua totalidade. Para que o átomo-centelha-do-espírito, a rosa do coração, possa desabrochar na nova vida, ele deve receber incessantemente, dia e noite, uma radiação de luz harmonizada com sua essência. Eis por que o ser humano é colocado diante da questão: ou ele se deixará arrastar pelas torrentes de energia intercósmica que movimentam o inteiro universo, num despedaçamento e trituração contínuos, ou segurará a mão salvadora estendida para livrá-lo da garra da morte.

Falamos de Rosa-Cruz *moderna* porque a Escola da Rosa-Cruz transmite uma força de radiação adaptada à época atual. Os caminhos que outrora conduziam à libertação hoje já não podem ser percorridos, porque a condição cósmica e atmosférica se tornou diferente, e o ser humano atual deve adaptar-se por completo a esse novo desenvolvimento.

Aqui, nos dias 23 a 27 de julho, a Escola Espiritual da Rosa-Cruz moderna realiza sua quarta conferência internacional de renovação de *Aquarius*. Alunos de muitos países europeus, e também de além-mar, estão aqui reunidos para colocar-se sob uma intensa efusão de força espiritual.

Essa conferência é destinada apenas aos alunos da Escola Espiritual. Entretanto, a luz que será liberada aqui nestes dias, cuja irradiação é de grande amplitude, pode ajudar a todos os homens de boa-vontade, a fim de que eles, que ainda estão apartados, também possam encontrar a luz e percorrer seus caminhos.

Serviço de abertura do *Presidium* da Suíça

2

Bem-aventurados são os que ouvem a palavra de Deus e a guardam

Voto

Todos nós, admitidos no corpo magnético da Escola Espiritual, elevemo-nos à Luz das Luzes, a fim de que a nova força-alma se liberte em nós para a nova vida. Amém.

Oração de abertura

Ó Luz Primordial,
que irradias da vida divina!
Que possamos ser santificados por ti!
Venha a nós teu reino!
Seja feita tua vontade em todo o nosso ser,
segundo tua natureza divina!
Dá-nos, para isso, cada dia teu santo pão!

Na força de teu toque,
rompemos todas as ligações

que se opõem a teu plano;
perdoamos e esquecemos tudo o que
o mundo e a humanidade nos infligiram,
devido a seu estado de natureza.

Com base nesta nova atitude de vida,
extingue todo o nosso carma
com tua misericordiosa luz!

Ó Luz, guarda-nos na tentação
e liberta-nos do Maligno
quando ele nos ataca!

Em ti está a nova vida,
e a força, e a magnificência,
para tua eternidade. Amém.

Rito

> "É preciso reconhecer que o mundo, na época já prenhe de uma tão grande comoção, atravessava as dores do parto: assim, ele engendrou heróis infatigáveis e gloriosos que, com todas as suas energias, atravessaram as trevas e a barbárie, deixando para todos nós, os mais fracos, o cuidado de segui-los. Sem dúvida, eles foram o vértice mais alto do triângulo ígneo de onde as chamas evadir-se-ão, daqui para frente, com energia cada vez maior, para acender, indefectivelmente, o último incêndio do mundo.
>
> Teofrasto, por vocação, foi também um desses heróis. Apesar de não haver entrado em nossa Fraternidade, não

obstante, ele leu diligentemente o Livro M, o qual iluminou seu discernimento inato."

Essas palavras da *Fama Fraternitatis R.C.* lançam luz sobre Theophrastus Paracelsus von Hohenheim, que viveu e trabalhou por algum tempo aqui, em Basileia, há quatrocentos e quarenta anos, mas que não pôde manifestar-se nem aqui nem em nenhum outro lugar do modo como ele teria merecido. Portanto, sua obra de vida ficou incompleta, isto é, não pôde ser divulgada e impelida à atividade da maneira correta, o que significa uma perda inestimável para a humanidade.

É por isso que, em seu tempo, Rudolf Steiner recebeu da Fraternidade a missão de continuar o trabalho de Paracelso. Rudolf Steiner veio para Basileia em 1913 e trabalhou, até sua morte, próximo a Basileia, em Dornach, onde o Goetheanum testemunha sua obra criativa. Contudo, também neste caso, a verdadeira missão da Fraternidade ficou inacabada no que se refere a seus aspectos mais profundos.

Por isso, agora, a obra de Paracelso deve revelar-se no interior de nossa Escola. Nosso grão-mestre deu continuidade a essa missão da Fraternidade durante a primeira Conferência de *Aquarius*. E uma vez que agora celebramos a quarta Conferência de *Aquarius* aqui, em Basileia, podemos ver neste fato um sinal de que essa missão tomou vida em nossa Escola e, se Deus quiser, se expandirá nos tempos vindouros, para a cura e a reconstituição da humanidade decaída. Amém.

Para os alunos que, num corpo magnético gnóstico, são chamados à cura, isto é, à santificação, o auxílio médico forma apenas *um* aspecto no processo de libertação fundamental. Porque um homem, do ponto de vista dialético, pode ser perfeitamente saudável, no entanto, ao mesmo tempo, ele é portador da doença fundamental da dialética, que se expressa na morte, no perecimento. Por isso, o aluno é chamado à vida imperecível.

Essa cura fundamental, essa santificação, tem um início e um fim. Ela começa num corpo magnético de uma escola espiritual gnóstica e termina no novo campo de vida, onde ingressa o ser humano gnóstico três vezes renascido. Um corpo magnético gnóstico é formado sob a direção de enviados da Fraternidade Universal que possuem, entre outras coisas, o "tesouro da joia maravilhosa", a rosa-do-coração que se tornou perfeitamente ativa. Com essa força de amor divino que deles irradia, eles buscam e endireitam o que está perdido na escuridão da dialética. Em semelhante "grão de semente", provindo da Gnosis, o aluno reencontra seu "primeiro amor", o que significa o amor da unificação direta com Deus, do qual certa vez o ser humano se apartou por vontade própria e ignorância. Por isso, nenhum mortal pode continuar rejeitando esse "primeiro amor", o restabelecimento da ligação consciente com Deus, com a Gnosis. Quem o faz rejeita o caminho e suas possibilidades renovadoras.

É verdade que no campo terrestre os enviados da Gnosis encontram seguidores, porém estes muitas vezes não fazem, ou quase não fazem, uso correto do grão de semente celeste ofertado pela Gnosis, seja por falta de compreensão, seja por grande egocentrismo. Então, a torrente da Gnosis não encontra nenhum receptáculo onde possa derramar-se e dar início à renovação.

Portanto, logo que surge no aluno a prontidão para entregar-se plenamente ao princípio nuclear gnóstico da Escola, mediante uma ação em que ele serve à humanidade sem pensar em si mesmo, a torrente da renovação apodera-se dele e impele-o avante no caminho para a vida. Uma nova força, uma nova luz começa a desenvolver-se do ponto central de seu microcosmo. É o nascimento da nova alma, que, então, se anuncia e continua a crescer diariamente em força e graça, se o aluno também continuar a estreitar cada vez mais sua ligação com a essência nuclear do corpo-vivo.

Assim, o aluno descobre em si mesmo a serenidade, à qual ele sempre e de novo poderá entregar-se. Se tempestades o fustigarem, vez por outra, em seu interior ou a seu redor, ele poderá, a partir de então, deslocar cada vez mais a tônica de sua vida para a nova alma em crescimento, para o homem interior que nele se desenvolve. Isso traz alegria interior e confiança nunca dantes conhecidas, as quais também o fazem suportar doença e fraqueza corporal com equanimidade.

"Porque", irmãos e irmãs, "a nossa leve e momentânea tribulação produz para nós eterno peso de glória, acima de toda comparação, não atentando nós nas coisas que se veem, mas nas que se não veem; porque as que se veem são temporais, e as que se não veem são eternas". Amém

Alocução

> "Bem-aventurados são os que ouvem a palavra de Deus e a guardam!" Amém.

Ora, é chegado o momento de manifestar-se para todos nós o grandioso evento da tão especial quarta Conferência de *Aquarius*. Se vos preparastes bem para esta conferência, estais conscientes de que vossa "velha veste" pertence ao passado. Hoje, as velhas normas do passado já não têm validade. Sim, e o que resta é o que sois neste momento.

O Livro da Vida está diante de nós. Ora, ele está aberto à nossa frente. Cada página começa e cada palavra é permeada pela única e mesma tarefa: "Bem-aventurados são os que ouvem a palavra de Deus e a guardam". Nesta quarta conferência de *Aquarius* todos nós, sem exceção, somos colocados diante dessa tarefa interna.

Um só plano constitui o fundamento do universo inteiro. Esse plano não tem limites. Ao contrário do que o ser humano nascido da natureza muitas vezes supõe, esse plano não tem começo nem fim, e distingue-se, de maneira especial, por uma ordem infalível. Todas as criaturas que vivem conforme essa ordem cumprem, sem exceção, a tarefa interior.

Pode-se aceitar ou recusar uma tarefa exterior. Na natureza dialética, o homem quer saber primeiro em que consiste a tarefa, o que se relaciona com ela, que vantagem poderia obter ou que responsabilidades teria a seu encargo. Somente depois de ter pesado todas as vantagens e desvantagens ele dirá sim ou não.

Porém, uma tarefa interior é parte do plano da criação, que tem miríades de aspectos. Todos esses aspectos inimagináveis unidos formam o conjunto que nós indicamos como o plano da criação. Nem uma única parte pode ser esquecida.

Assim, qualquer tarefa interior é uma lei em si mesma, porque, se o plano da criação inteiro corresponde a uma ordem, todas as suas partes também devem fazê-lo. Quando o ser humano nega a tarefa interior, portanto, quando a recusa, ele nega a tarefa dada por Deus.

A queda do homem começou quando uma parte da humanidade negou a lei da ordem divina, deixou de cumpri-la, recusou a tarefa de Deus, rejeitou-a. Com a primeira queda humana começou a crítica. Deveis ver a origem da crítica em conexão com a queda humana. O homem-deus desenvolve-se dentro do plano da criação. Por um lado, ele cumpre sua tarefa dentro da unidade, em obediência ininterrupta. Por outro lado, é justamente o cumprimento dessa tarefa que o faz progredir.

Qualquer desenvolvimento é em si um marco divisório, uma pedra de toque. Uma pedra de toque é um critério. De modo absoluto, isso também procede da ordem.

Se uma tarefa interior é realizada com ordem e regularidade harmoniosas, essa tarefa poderia ser considerada cumprida, porém não terminada. Em certo sentido, o cumprimento pode ser uma finalização, porém, na verdade, ele é o início de uma tarefa subsequente.

No entanto, esse terminar e começar, que para nós, seres humanos, é difícil de entender, é justamente o critério. Expressando isso de modo mais simples, todo critério é uma prova. Portanto, nós afirmamos agora que, se uma tarefa está terminada, o trabalho realizado é, então, testado antes da nova tarefa. Portanto, de acordo com a lei divina, cada tarefa pode ser cumprida e, inclusive, tem de ser cumprida. Por isso, o rosa-cruz sabe que para Deus tudo é possível.

Ora, podemos considerar a noção de critério em estreita relação com a noção de crítica. Se não cumpre a tarefa dada por Deus, o homem exerce, então, a crítica, no verdadeiro sentido da palavra. Um rosa-cruz sabe que o cumprimento está contido na aceitação de tudo o que lhe é dado, na aceitação da tarefa interior.

Que recebeu o homem que vive em união com Deus? Tudo, para cumprir a tarefa de Deus! Receber pressupõe aceitar. Portanto, ele somente recebe quando aceita. Enquanto o homem não aceitar a tarefa dada por Deus, não estará livre de crítica. Essa crítica, essa luta contra a lei de Deus, é, expressando-o de forma amena, a maior tolice que uma criatura pode cometer.

Todos nós conhecemos muito bem essa tarefa sagrada e especial. Ela está descrita não somente na Bíblia, mas para nós, alunos da Escola Espiritual da Rosacruz Áurea, ela está gravada na pedra fundamental do templo Christian Rosenkreuz:

Mas a todos que o receberam deu o poder de se tornarem filhos de Deus
(João 1:12)

Se todos nós aceitarmos estas palavras, tudo estará à nossa disposição para cumprir a tarefa recebida. Eis por que o universo inteiro está traspassado pelas palavras: "Bem-aventurados são os que ouvem a palavra de Deus e a guardam".

O santo trabalho para Deus, o mundo e a humanidade é o "dever" voluntário. Sim, é o "dever sagrado" a nós confiado. Ao mesmo tempo, que graça é poder estarmos aqui reunidos, nesta quarta Conferência de *Aquarius,* a fim de seguir o chamado interior em unidade de alma: "Cumprir voluntariamente a vontade do Pai".

"Bem-aventurados são os que ouvem a palavra de Deus e a guardam". Logo que um ser humano possa ouvir, logo que ele seja um coedificador, que esteja no comovimento, na realização, logo que possa guardar tudo o que recebeu, então, essa criatura divina é preenchida com a bem-aventurança. Ela passa por qualquer critério com gratidão. Quando aceitais vossa tarefa, estais absolutamente livres da crítica, livres de toda a luta. Então, também não vos ocupareis em distanciar-vos de toda a maldade e discórdia, pois estas já não fazem parte de vós.

Já não será necessário que vos pergunteis: "Devo fazer isto ou aquilo? Devo ir a algum lugar ou devo permanecer aqui?" Enquanto o ser humano trilhar o caminho largo da dialética, o caminho horizontal, ele se perguntará: "Devo caminhar à direita ou à esquerda?" Todavia, semelhante pergunta deixa de existir se ele estiver na casa de Deus, na casa *Sancti Spiritus.*

Amigos, temos atrás de nós a penosa jornada através das armadilhas da natureza. Tendo chegado à montanha, é possível que esqueçamos que essa grande jornada até o cimo foi perigosa em muitos lugares. Contudo, para todos que os reconheceram, os perigos foram reduzidos pela metade.

Todos passamos por vários tipos de experiências. De tempos a tempos, muitos de nós éramos envolvidos por névoas, de modo tal que não podíamos dar um passo sequer para frente ou para trás. Como era bom, em tais momentos, voltar à reflexão interior e, na força da fé, avançar sobre o único caminho, o caminho estreito em que a forma perece!

Muitas vezes perdestes um objeto inútil e, então, retornastes para procurá-lo desesperadamente, negligenciando o preceito de não voltar para trás. Quem não se volta logo percebe que o que se perdeu não somente se tornara sem valor, porém que teria sido um impedimento para o prosseguir ulterior.

De outra vez, um peso foi tirado de vós. Ao invés de estardes agradecidos, muitos de vós, naquele momento, resistiram. Armados até os dentes, iniciastes uma luta, e na intensa agitação da luta vos esquecestes, mental e sentimentalmente, da palavra libertadora que vos acompanha por toda parte.

Vossa presença aqui, nesta quarta Conferência de *Aquarius*, prova que reagistes de modo mui positivo à palavra da Gnosis. Apesar de todas as resistências, permitistes ao Outro em vós assistir a esta conferência tão especial. Por isso, não lamenteis um instante sequer, mas alegrai-vos. Se vossas velhas normas estão sendo retiradas de vós, não tenteis recuperá-las. Abandonai-as! Uma norma mais elevada foi dada a todos nós. Ora, ela está no meio de nós e nos guia à montanha onde a forma perece.

Irmãos e Irmãs, que nesta hora da última dúvida possa ser arrancada a última, venenosa e amarga erva da descrença. Vossos últimos esforços, talvez enormes em parte, vossas tentativas sinceras, são recompensados.

Por que experimentamos tanta dor? Qual é a causa de todo esse sofrimento? Não o sabeis? Na Bíblia é dito: "O meu povo está sendo destruído, porque lhe falta o conhecimento".[2] Mas qual seria a consequência se o povo de Deus, possuindo esse conhecimento — e chamado a cumprir essa tarefa de acordo com esse conhecimento —, não fosse encontrado preparado para realizar com convicção a vontade divina?

Vede, pois, quão lamentável, sim, quão tolo seria o nosso comportamento! Sim, amigos, mais do que isso! Nós causaríamos uma nova queda. Podeis, podemos todos dar-nos ao luxo de tornar-nos, mais uma vez, culpados?

Todos nós receberíamos o conhecimento, sim, receberíamos tudo, se estivéssemos preparados para aceitá-lo. Vivenciamos três conferências de *Aquarius*. Por três vezes já nos tornamos culpados!

Sim, sem dúvida, isto não é agradável de ouvir. Porém, é mais salutar para nós admiti-lo do que continuar errando. Todos os que participaram da primeira conferência de *Aquarius*, em Renova, sabem que lá nos foi oferecida uma chave. Não uma chave comum, porém uma chave-mestra, que abre os portais que devemos transpor. É a chave da prontidão, prontidão para realizar a tarefa interior.

Sabemos que uma tarefa interior não pode ser negada, de outro modo nos encontramos no meio da crítica e, na verdade, crítica para com a Gnosis. Aceitamos essa chave da prontidão? Fizemos uso dela?

O que acontece com uma chave que não é empregada, que não é utilizada? Pode-se perdê-la, ou ser tirada de nós até que surja uma ocasião melhor.

---

[2]Oseias 4:6.

Essa ocasião tão especial surgiu, sim, surgiu bem depressa. Era a segunda Conferência de *Aquarius,* em Calw, no ano de 1964. Lá a chave-mestra foi-nos presenteada, dessa vez no templo Christian Rosenkreuz. Muitos receberam essa chave com mãos agradecidas. Muitos começaram a trabalhar com essa chave-mestra, como o fizeram na primeira Conferência de *Aquarius.* Sem esse trabalho, uma Escola Espiritual não poderia existir. Será que todos nós empregamos essa chave da prontidão de modo ininterrupto?

Pela terceira vez — em Bad Münder — realizou-se a Conferência de *Aquarius* para nós. Naquela ocasião aconteceu algo muito clássico, algo sobre o qual já ouvistes, algo que um homem sente até na medula e nos ossos: antes do início da conferência o galo cantou três vezes. Pedro negou três vezes a seu Senhor. Ainda não estava preparado para morrer por ele.

Todavia, Pedro não foi capaz de negar a seu Senhor pela quarta vez. Purificado pelo arrependimento, cumpriu em obediência a tarefa a ele confiada. E nós, aqui reunidos, que aqui viemos, estamos preparados para receber a chave mágica da prontidão? E para empregá-la em absoluta obediência à Gnosis, por toda a eternidade? Agora que estamos ligados tão estreitamente com a Fraternidade, nesta tão especial Conferência de *Aquarius,* somos portadores da joia libertadora, da palavra salvadora de Deus, que nos oferece a possibilidade de receber essa chave por toda a eternidade.

Nossa antiga forma perece sob o signo de Osíris. Prontidão para o sacrifício é a lei do universo. Contudo, sacrifício significa salvação. É a ascensão, é a libertação. O pensar conforme a natureza não pode compreender o sentido profundo do verdadeiro sacrifício. Quem se libertou do velho pensar e abriu e atravessou a porta que conduz à prontidão para o sacrifício sabe que a noção de sacrifício tem um sentido completamente diferente do que é aceito pela consciência biológica. O sacrifício de amor de Osíris propaga-se em todos os homens. O sacrifício de amor de Jesus Cristo deve ser realizado por todos que nasceram para o verdadeiro estado humano. Quando nos tornamos conscientes de que o grão de semente de Jesus Cristo se acha no coração de todos os seres humanos que encontramos, já não bateremos na face direita do próximo! Também não seremos capazes de dar ao próximo pedras em vez de pão.

Quem, nesta quarta Conferência de *Aquarius,* como aluno da Escola Espiritual da Rosacruz Áurea, se despe de sua velha e usada veste de normas está apto a receber a chave da prontidão. Nas próximas horas as últimas predisposições serão realizadas no coração preparado e na cabeça purificada. Cessai de dar lugar a pensamentos inferiores ou negativos. O único perigo real que eventualmente ainda pode ser encontrado no caminho é o pensar negativo. Quem, nesta Conferência de *Aquarius,* permite em si um único pensamento negativo abre dessa maneira a porta para o passado, ao invés da porta para a libertação.

Em nossa época, fala-se muito de vírus causadores de doenças. A ciência ainda diverge sobre a classificação de um vírus como cristal ou como ser vivo, ou como manifestação de uma forma que ainda não se pode descrever. Nós, alunos da Escola Espiritual, não precisamos ocupar-nos com as pesquisas médicas e científicas sobre os vírus. Se conhecermos o campo vibratório em que eles nascem, desenvolvem-se e reproduzem-se, ficará claro, sem nos aprofundarmos na pesquisa, que um vírus não pode nascer nem encontrar solo nutritivo na serenidade de um campo de radiação gnóstico.

É muito simples: um campo de vida puro, com uma elevada vibração eletromagnética, não pode ser o campo de vida de um vírus, de um organismo vivente inferior. Todos os que são admitidos no campo de força do corpo-vivo, e que vivem e agem em harmonia com a sua característica, não precisam temer os vírus, os agentes de doenças. Contudo, o aluno deve estar sempre consciente de que, enquanto seu pensar estiver no nível do ser humano nascido da natureza e seu velho pensar biológico estiver ativo e, por assim dizer, dominá-lo, ele ainda se acha num campo eletromagnético inferior.

Por isso, semelhante aluno também participa, de hora em hora, de todas as causas e efeitos da ordem de natureza dialética. Sim, ele mantém essa ordem de natureza, com as miríades de vírus de toda espécie. Pelo pensar, mediante o éter refletor de uma humanidade degenerada, o sofrimento e a dor são conservados e crescem diariamente. Semelhante homem também está no comovimento, porém, neste caso, no comovimento de uma época preocupante. Todavia, em relação à nossa tarefa interior, ele está no contramovimento, na crítica.

Qualquer abuso das forças criadoras, seja pelo pensar, querer e desejar, seja pelo falar — qualquer abuso das forças criadoras hormonais é crítica. E essa crítica ao Criador de todas as coisas leva a autodestruição, cristalização e morte.

Que somos capazes de fazer durante as horas que estão à nossa frente: por nosso próximo, por nós mesmos, aqui, nesta cidade de Basileia? Nada façais!

Sede silenciosos, sempre que puderdes. Não apenas exteriormente, mas sobretudo também interiormente. Então, o silêncio "exterior" virá por si mesmo. Cuidai para que, nesta quarta Conferência de *Aquarius,* com sua vibração eletromagnética tão elevada e sublime, nenhum vírus da crítica possa surgir. Portanto, não deveis lutar convosco mesmos, a fim de livrar-vos da crítica:

não, ficais livres da crítica simplesmente porque chegastes a essa "aceitação".

Liberto, purificado, perfeitamente preparado, o corpo-vivo da Escola Espiritual receberá, mediante a força ígnea do Espírito Santo, uma nova força de revelação, a fim de que todos possam receber verdadeiramente a santa tarefa interior. Na força do Espírito Santo, aceitaremos a tarefa da Gnosis para o mundo e a humanidade e seremos capazes de cumpri-la por toda a eternidade.

Que possamos saber que somos um e, portanto, que estamos preparados para receber de nossos grão-mestres a tarefa da Fraternidade, a tarefa da quarta Conferência de *Aquarius*. "Bem-aventurados são os que ouvem a palavra de Deus e a guardam!" Amém.

Oração final

De nosso coração agradecido
irradia nossa prece à Gnosis:

Que sejamos auxiliados
em todos os nossos esforços,
para compreendermos o sentido profundo
dos dias vindouros;
que intensifique, se possível,
a dinâmica de nosso anseio;
que estimule em nós a inclinação
para a autorrendição;
que estejamos inteiramente abertos
para a nova atitude de vida,

a fim de que, desse modo,
como homens conscientes,
possamos ingressar
no corpo-vivo magnético da Escola.

Que possamos perceber, profundamente,
os caminhos que levam
à transfiguração da alma
é nossa íntima prece,
ó sublime Hierarquia da Graça! Amém.

Benção final

Rogamos uns pelos outros: que sejamos testemunhas vivas da força-luz que realiza a transfiguração em nós. Amém.

Conferência de *Aquarius*

Catharose de Petri
e
J. van Rijckenborgh

3

O DESENVOLVIMENTO DA FACULDADE DO PENSAMENTO

Abertura

Sabemos que estamos reunidos aqui num momento extremamente notável do desenvolvimento da Escola Espiritual. O Dia do Senhor despontou! É o dia da realização da missão que recebemos da Fraternidade da Rosa-Cruz Áurea.

Por isso, nesta quarta Conferência de *Aquarius,* tão especial, nossa prece é que estejais constantemente abertos para a plenitude astral, a fim de que sua força ativa seja vista a emanar de vós numa onipresença luminosa e irradiante. Amém.

Preenchidos de profunda gratidão por este momento sublime de um grande evento, ou seja, por estarmos reunidos com cerca de dois mil alunos no campo de trabalho suíço, no núcleo de Basileia, damos boas-vindas cordiais a vós, alunos de nossa Escola Espiritual manifestada setuplamente.

Que o trabalho aqui realizado possa converter-se em bênção para todos os que decidiram percorrer efetivamente a senda da vida libertadora da alma. Amém, sim, amém.

Prólogo

Novo firmamento estende-se sobre nós.
A nova Jerusalém desceu diante de nós.
Uma nova oficina, uma forja santa,
foi-nos aberta.
Seus aspectos são:
três, nove e dezoito.

Os três mundos são os três corpos:
o da Doutrina, o da Alegria,
e o da Transfiguração;
do Pai, do Filho, e do Espírito Santo. Amém.

O Pai sustenta o Todo.
Ele preenche o Todo.
Ele impulsiona o Todo.

O Filho revela o Pai
mediante sua luz.
Ele toca-nos com sua luz.
Ele salva-nos mediante sua luz.

O Espírito Santo acolhe-nos em sua oficina
e ensina-nos o sagrado ofício.
Ele permite a nosso estado de ser
tornar-se uno com a nova fortaleza
e conduz-nos através dos portais. Amém.

Assim, o novo homem torna-se
um filho de Deus com nove aspectos.

Nele se revela a trindade
do Pai, do Filho, e do Espírito Santo.
Sendo ele, no novo reino,
homem-mulher em si mesmo,
tendo o positivo e o negativo
sido perfeitamente unidos
e havendo desaparecido toda a separação,
ele é, sob o novo firmamento,
o novo homem divino. Amém.

Rito

Muitas vezes ouvistes falar sobre magia gnóstica. Magia gnóstica é um trabalho que pode ser aplicado unicamente se houver:

1. um corpo-vivo;
2. um grupo de alunos dedicados, por meio dos quais,
3. surge a necessidade de aplicar efetivamente a magia gnóstica.

Sabeis o que entendemos por corpo-vivo. Um corpo-vivo é uma criatura que respira e foi alçada acima da esfera astral dialética. É uma concepção mental, astral e etérica que, como um globo, como uma casa *Sancti Spiritus,* contém um grupo de almas viventes. Devido à sua natureza magnética, o sistema assim formado atrai átomos para si. No fogo astral, de intenso grau de calor, esses átomos são fissionados, após o que as energias assim liberadas são combinadas. Dessa maneira são formados éteres de natureza muito especial, que devem ser absorvidos e transmutados pela comunidade de almas, que é o "corpo mais interior" do corpo magnético da Escola Espiritual.

Esse "corpo mais interior" possui órgãos, um organismo. Todos esses órgãos se regulam reciprocamente; eles são interdependentes. Seu funcionamento correto determina a saúde e, portanto, também o metabolismo do corpo-vivo da Escola Espiritual. Realmente, as energias liberadas na comunidade de almas da Escola Interna devem poder ser absorvidas pelos participantes do grupo da Escola Externa do Lectorium Rosicrucianum. E, acima de tudo, eles devem ser capazes de transmutar essas energias. Então, o metabolismo das Escolas Externa e Interna se tornará harmonioso, tal como está intencionado no plano de Deus.

Então, a morte do corpo-vivo será impossível, e a comunidade de almas, dentro do corpo inteiro do grupo, colherá os mais abundantes frutos. De fato, se os membros da comunidade de almas percorrerem desde o imo e em verdade a senda múltipla, eles sempre terão à disposição, de maneira imediata, um organismo de iniciação completo.

Portanto, desse momento em diante, na Escola Espiritual não haverá somente uma Escola Externa, com sete aspectos e uma organização mundial, porém igualmente uma criação viva e muito concreta, que respira e da qual todas as almas podem participar. Sim, todos os que são de boa-vontade e aspiram à libertação da alma-espírito serão conduzidos ao campo libertador da alma-espírito. Assim, dessa maneira lógica, é assegurada e consolidada a ligação do grupo inteiro com o corpo-vivo de Cristão Rosa-Cruz. Amém.

Primeira alocução

Em ocasiões anteriores já dirigimos a atenção para o fato de uma nítida modificação de natureza psíquica, em medida crescente, manifestar-se na totalidade do comportamento humano, num ritmo cada vez mais rápido e de modo cada vez mais evidente e perceptível a todos. Trata-se de uma modificação que afeta igualmente todas as raças sobre a terra. Assim, pode-se dizer que esse é um fenômeno psíquico universal, um processo psíquico que afeta cada ser humano, onde quer que ele esteja no mundo.

As diferenças individuais, que se manifestam em grande variedade, são atribuídas ao carma pessoal. No entanto, a causa fundamental é absolutamente a mesma para toda a humanidade, e nenhuma criatura humana poderá escapar a esse desenvolvimento.

Acreditamos que essa mudança psíquica se iniciou no começo deste século,[3] a princípio de maneira pouco perceptível, porém agora, particularmente durante a última década, tem-se mostrado cada vez mais evidente, de modo que se pode falar de uma crise da humanidade, crise que alcançou a todos, de alto a baixo e da esquerda até a direita.

Ao buscarmos a causa dessa crise, descobrimos que ela se acha no sistema nervoso humano, o qual:

1. ou está apresentando sérios fenômenos degenerativos, o que já é um resultado negativo,
2. ou se encontra sob enorme tensão devido a numerosos eventos ainda em desenvolvimento, de modo que ainda não se pode falar de um resultado final,
3. ou, devido a várias reações positivas, está ocupado em oferecer ao mundo um tipo humano totalmente novo, cuja tarefa em nossos dias é libertar-se das fraldas de um novo nascimento.

[3] O século XX. A quarta Conferência de *Aquarius* aconteceu em 1966 (N.E.).

O sistema nervoso possui dois aspectos:

1. o sistema cerebrospinal, do qual depende a faculdade do pensamento,
2. o sistema nervoso simpático.

O sistema nervoso cerebrospinal pode, ainda que parcialmente, ser utilizado pela vontade humana. Portanto, também se pode utilizar o pensamento humano por meio da vontade. A vontade é igualmente um aspecto do homem comum, nascido da natureza, do homem terrestre, e, por conseguinte, ela é parte do eu, do eu da natureza, o qual é inteiramente uno com a natureza de desejos do homem.

Portanto, na prática da vida comum, a faculdade do pensamento é uma vítima completa da vontade, a qual é o instrumento natural para dirigir e empregar a faculdade do pensamento. Daí resulta claramente que, sendo a vontade um aspecto de nossa natureza de desejos, também a totalidade da faculdade do pensamento é parte dessa natureza de desejos.

Ora, a grande dificuldade para o homem anelante é que a faculdade do pensamento, que é o fator imprescindível para nossa elevada gênese humana – uma gênese humana livre dos envoltórios e grilhões da natureza inferior grosseira – está de tal modo aprisionada, tão enleada e danificada por efeito desse aprisionamento, que no máximo se pode falar de um estado de consciência inferior, animal.

E, prestai atenção, ainda que conheçamos um caminho de desenvolvimento da faculdade do pensamento, a qual desde a juventude é treinada e desenvolvida até o absurdo, esse desenvolvimento, existencialmente e devido a leis científicas, é apenas um desenvolvimento do estado de consciência inferior, animal, com todas as suas consequências naturais! O prosseguimento da marcha de desenvolvimento inferior por seres que são convocados para um bem superior, seres que já atingiram o limite de sua descida nesta natureza, conduzirá obrigatoriamente a grande catástrofe, a absoluto declínio.

Talvez ainda não possais ver por que justamente agora isso conduzirá obrigatoriamente a uma catástrofe, e então pergunteis: "Por que não antes ou por que não bem mais tarde?" Pois bem, que a crise tenha chegado justamente *agora* e se amplie cada vez mais tem sua razão de ser.

Além do sistema nervoso cerebrospinal, o ser humano possui também, como foi dito, o sistema nervoso simpático ou autônomo. A este pertence, entre outras coisas, a totalidade do sistema do fogo serpentino, do plexo sacro até a pineal.

Até o início deste século, o inteiro sistema nervoso autônomo era controlado total ou parcialmente pelas forças lunares mediante o cerebelo.

Por meio dessa situação, o completo aniquilamento do homem pela natureza inferior de desejos foi fortemente freado, e órgãos corporais muito importantes foram resguardados de destruição e degeneração. Esses esforços para preservar o homem nascido da natureza foram sustentados pelas religiões lunares ou religiões de raça.

A religiosidade racial adaptou-se perfeitamente à natureza das várias raças e objetivou, mediante as religiões, levar as entidades em questão a neutralizar, tanto quanto possível, a natureza inferior de desejos e santificar, por pouco que fosse, a vontade, possibilitando assim um pensar novo e mais elevado.

As religiões lunares ou raciais, exercendo o papel de forças controladoras do sistema nervoso autônomo, preservaram até há pouco tempo a humanidade de uma queda mais profunda e frearam, tanto quanto possível, seu declínio. No entanto, frear um declínio significa também parar um caminho de desenvolvimento, porque, no que concerne à humanidade, sua missão é realizar um autodesenvolvimento do verdadeiro pensamento superior, a libertação do verdadeiro estado de alma superior. E é evidente que sustar ou diminuir os riscos nessa senda não representa nenhum avanço, porém um adiamento em sua realização.

Atualmente as forças lunares suspenderam o controle que exerciam sobre o corpo humano, e as religiões lunares já não exercem nenhum poder, porque o desenvolvimento negativo do entendimento humano tornou o seu auxílio inútil e aumentou a incredulidade.

A condição real relativa ao ser humano é esta: o homem-eu atingiu seu pleno desenvolvimento, e sua natureza de desejos recebeu carta branca; já não há nenhuma força controladora em atividade. Desse modo, inúmeras influências inferiores lançaram-se sobre a humanidade, e ela se contorce sob essa impetuosa tempestade de forças a fim de poder manter-se de pé.

Essa é a causa da crise que agora se abateu sobre toda a humanidade; crise sobre a qual foram feitas, em todos os tempos e nos mais diversos tons, vigorosas advertências; uma crise que foi anunciada como inevitável, caso o homem não tomasse, voluntariamente e da única maneira correta, seu próprio caminho de desenvolvimento, isto é, em Cristo e mediante o Espírito Santo, que se manifestam em nosso planeta.

Infelizmente, no decorrer dos últimos séculos, a humanidade foi privada de verdadeiro esclarecimento e, por conseguinte, quase se perdeu totalmente. Há séculos a vida se desenrola em meio a uma tempestade sempre crescente. Nela a humanidade deve atravessar o mar acadêmico das experiências com as próprias forças — ou seja, por meio das possibilidades que lhe foram concedidas, portanto perfeitamente equipada — a fim de atingir a margem oposta, *Caphar Salama,* a Cidade da Paz.

Provavelmente conheceis o grande plano que se encontra na base da existência humana. Esse plano visa em primeiro lugar ao desenvolvimento de uma personalidade perfeitamente organizada, para que em seguida essa personalidade possa tomar nas próprias mãos seu ulterior desenvolvimento em um aspecto mais amplo e elevado e em perfeita autorrealização.

A semente cai no solo, até o nadir. Depois disso, mediante autorrealização, aparecerá a flor maravilhosa. Dessa maneira, o objetivo da criação divina é revelado e demonstrado de baixo para cima. Contudo, em toda essa marcha de desenvolvimento, apresentam-se dificuldades e perigos. O que acontece, repetimos, é o seguinte: o Logos concebe o plano. O homem é criado e inteiramente equipado. Tão logo a primeira etapa desse plano tenha sido realizada e o homem esteja, de fato, em condição de "viver", ele mesmo tem de lançar-se ao trabalho. Então deverá demonstrar-se quão sublime e belo é esse plano em sua divina realização.

Desse modo, o ser humano dirige-se à obra à qual ele é impelido pela providência divina. Muitos seres humanos aplicam para tanto todas as capacidades que receberam do Logos e, naturalmente, também o entendimento.

Contudo, o entendimento pode ser utilizado de duas maneiras. Após inúmeras experiências realizadas no passado durante a edificação da personalidade, pode-se utilizá-lo para manifestar a verdadeira faculdade do pensamento, a verdadeira faculdade de pensar, que se eleva da natureza até o ser divino. No entanto, também se pode acreditar — com todas as suas consequências — que o entendimento já seja esse divino poder do pensamento.

Sabeis que esse último caso acontece com muitas pessoas. A causa disso provém, entre outras coisas, do fato de que as intenções das religiões naturais do passado não foram compreendidas, e que todas, sem exceção, se dirigiram à humanidade em sentido totalmente simbólico. Uma das consequências do mau uso do entendimento, como o demonstra especialmente nossa época de maneira espantosa, é a destruição, o obscurecimento do cérebro, resultando daí, na maioria das vezes, a incapacidade de utilizá-lo da maneira correta.

Os rosa-cruzes pertencem aos que compreenderam isso e utilizaram corretamente a faculdade de entendimento, ou seja, eles a utilizaram conforme as intenções do plano divino. O nome "rosa-cruzes" indica o caminho que eles seguiram mediante o uso da faculdade de entendimento da única maneira correta. E são os rosa-cruzes que, nesta conferência, se dirigem a vós.

Assim, ficou claro para nós que em nosso mundo se formaram dois grupos de homens diametralmente opostos, na teoria e na prática:

1. o grupo que está inteiramente orientado para o desenvolvimento do entendimento do ser humano. Esse grupo é conduzido pelos que esperam sua salvação unicamente desse desenvolvimento;
2. o grupo que estabelece uma diferença nítida entre entendimento e faculdade do pensamento. Esse grupo desenvolve o entendimento somente até certo limite estabelecido por leis científicas, para, em seguida, desenvolver a verdadeira faculdade do pensamento segundo um método determinado e com o auxílio de um órgão presente em estado latente no próprio ser humano.

Designamos este último caminho de o Caminho Real, ao passo que a primeira senda é o caminho do declínio completo por meio da sujeição à roda do nascimento e da morte. Nestes nossos tempos do fim de um período cósmico, ela conduz à total desnaturação. É um caminho de misérias e aflições que conduz a grandes calamidades, também para nosso próximo, e possui inúmeros — quase infinitos — desvios.

Falaremos no próximo serviço sobre a joia maravilhosa, o órgão que todo homem anelante pode e deve utilizar a fim de poder elevar-se acima de sua natureza comum e ingressar na verdadeira supranatureza.

Oração final

Novo poder irradia
no grupo leal e devotado,
e todo o esplendor da Gnosis se revela,
pois agora a jovem Gnosis,
com força e segurança,
festeja assim sua entrada
no novo campo astral.

Um hino eleva-se
do coração dos que
percebem como o amor de Deus
consegue abrir caminho
nos filhos da natureza,
que se preparam inteiramente
para tornar-se filhos de Deus:
iniciados da Gnosis. Amém.

Canto coral

A grandiosa majestade da Gnosis
abre-se plena de glória.
Ouvi, o tempo da libertação chegou:
deixai-vos batizar pelo espírito de Deus.
A rosa áurea e a coroa de flamas
mostram o trono do mistério.
Vós, que há tanto tempo esperastes,
vede, a aurora eterna desponta.
O quadrado da construção está preparado,
o vértice do triângulo, talhado.
Totalmente inquebrantáveis,
edificai vossa alma.

A Tríplice Aliança da Luz
entoa seu poderoso canto de louvor.
Ela vê, como sólida rocha,
o sinal da vitória de Deus.

Benção final

Irmãos e Irmãs,

Que as bênçãos desta quarta Conferência de *Aquarius* possam propagar-se sobre todo o vosso trabalho. Que a graça de Jesus Cristo esteja com todos. Amém.

4

A SUPRANATUREZA

Voto

Em nome do todo e do campo do Pai que tudo interpenetra.
Em nome do campo revelador de luz do Filho.
Em nome do campo regenerador do Espírito Santo. Amém.

O Pai concede-nos a possibilidade.
O Filho concede-nos a luz do conhecimento.
O Espírito Santo traz-nos,
na força de Deus e na luz do Filho,
a única e oniabarcante senda de salvação. Amém.

Canto coral

Deus escreveu em cada coração humano
sua palavra de amor,
e poder maravilhoso é dado
a quem a desperta para a vida.
Ele encontra o caminho seguro para o lar,
a senda da Rosacruz Áurea.

E no novo campo etérico
a alma desperta para a vida.

Deus concede seu amor e sua força
aos que o amam.
E a quem o aceita ele dá força
para vencer a noite.
As antigas luzes são extintas,
a força solar da Gnosis eleva-se cada vez mais.
Carregados com nova energia
ingressamos no templo de Deus.

Glória a Ti, ó Pai.
Glória ao Verbo do princípio.
Glória ao Espírito do Fogo. Amém.

Prólogo

Abri inteiramente o coração!
Após vencida a luta,
escutai a voz do imo!

Alçai voo e abandonai
o mundo da ilusão!
Ide, ainda hoje, para vosso Pai!

A espada do Espírito Santo
expulsa todo o mal,
e o Opositor afasta-se de vós.

Limpo e purificado,
após a longa jornada,
o Filho da Plenitude
recebe o adorno da realização. Amém.

Rito

"Porque estou certo de que isto mesmo, pela vossa súplica e pela provisão do Espírito de Jesus Cristo, me redundará em libertação, segundo a minha ardente expectativa e esperança de que em nada serei envergonhado; antes, com toda a ousadia, como sempre, também agora, será Cristo engrandecido no meu corpo, quer pela vida, quer pela morte. Porquanto, para mim, o viver é Cristo, e o morrer é lucro. Entretanto, se o viver na carne traz fruto para o meu trabalho, já não sei o que hei de escolher.

Ora, de um e outro lado, estou constrangido, tendo o desejo de partir e estar com Cristo, o que é incomparavelmente melhor. Mas, por vossa causa, é mais necessário permanecer na carne. E, convencido disto, estou certo de que ficarei e permanecerei com todos vós, para o vosso progresso e gozo da fé, a fim de que aumente, quanto a mim, o motivo de vos gloriardes em Cristo Jesus, pela minha presença, de novo, convosco.

Vivei, acima de tudo, por modo digno do evangelho de Cristo, para que, ou indo ver-vos ou estando ausente, ouça, no tocante a vós outros, que estais firmes em um só espírito, como uma só alma, lutando juntos pela fé evangélica; e que em nada estais intimidados pelos adversários. Pois o que é para eles prova evidente de perdição é, para vós outros, de salvação, e isto da parte de Deus. Porque vos foi concedida a graça de padecerdes por Cristo e não somente de crerdes nele, pois tendes o mesmo combate que vistes em mim e, ainda agora, ouvis que é o meu.

De sorte que, meus amados, assim como sempre obedecestes, não só na minha presença, mas muito mais agora na minha ausência, assim também operai a vossa salvação com temor e tremor; porque Deus é o que opera em vós tanto o querer como o efetuar, segundo a sua boa vontade. Fazei todas as coisas sem murmurações nem contendas; para que sejais irrepreensíveis e sinceros, filhos de Deus inculpáveis, no meio de uma geração corrompida e perversa, entre a qual resplandeceis como astros no mundo." Amém.

(Filipenses 1:19–30 e 2:12–15)

Canto coral

Ó homem que vagueias pela terra,
para onde vais, para onde vais?
Não sabes que eras filho de Deus?
Retorna à verdadeira vida,
dada por Deus a ti no coração,
retorna ao Pai, regressa!
A luz desce agora dos sublimes céus.
Entra, entra!
Raios de fogo iluminam-te a face,
rompem os antigos laços,
descerram as novas terras,
preparam os caminhos para teu Deus.

A força de Aquarius envolve-te.
Entra, entra!
O amor de Urano prepara-te agora a senda.
Perdida em torrentes de energia,
a vida outra vez nasceu,
agora o amor abrange teu futuro destino.

Sem dúvida, vedes conosco a grande importância desta quarta Conferência de *Aquarius*. Qual é, pois, sua finalidade?

O mundo comum e sua humanidade nada percebem de uma Escola Espiritual senão a atuação exterior visível de um grupo de alunos e obreiros, por exemplo, em nossa sede central em Haarlem, nos centros de conferências, nos núcleos e no que é expresso em nossa literatura; em suma, vê-se a imagem espaço-temporal da Escola Espiritual.

Mas, a outra imagem, mais importante, o estado interior da Escola Espiritual, apenas pode tornar-se visível exteriormente mediante determinado simbolismo e, ao mesmo tempo, pela ação vivente. E todos os que sabem veem, por trás dos símbolos, a grande realidade e dela participam.

Existe, portanto, uma realidade no espaço e tempo, mas também existe essa outra realidade da eternidade. Símbolos, ideias e ensinamentos encontram-se entre ambas. No entanto, agora que a realidade eterna novamente se manifestou na realidade espaço-temporal, percebeis que essas duas realidades de vida não podem ser separadas uma da outra. Porque a espaço-temporal é parte da eterna, assim como a dialética pecadora é uma parte corrompida da ordem mundial perfeita.

Os alunos da Escola Espiritual gnóstica participam da realidade eterna, que tem um objetivo duplo:

1. participar, sem pecado, da vida da degeneração, a fim de reunir todos os que buscam e sofrem e impeli-los à vida interior: a Escola Externa, o Lectorium Rosicrucianum.
2. a introdução na libertação da alma-espírito dos que recebem a participação na vida interior e divina da alma: a Escola Interna.

O veículo corporal deve, portanto, ser o servo da alma. Vestimos o corpo com roupas a fim de protegê-lo contra o frio e outras influências atmosféricas. Além disso, não podemos deixar de cuidar esmeradamente da aparência, como nossa qualidade interna evidentemente requer. Ora, assim também se passa com a imagem espaço-temporal da Escola Espiritual, que sempre procura corresponder a essa tarefa, e para isso sua organização exterior espaço-temporal se esforça ao máximo! É aqui, na ordem espaço-temporal onde atualmente os obreiros da Escola Espiritual atingiram o limite extremo de sua atividade, que deve prosseguir agora a Escola Interna da Rosacruz Áurea. Em seu topo estão os membros do quinto e sexto aspectos da Escola Espiritual, tendo ao centro os sete membros que compõem a Direção Espiritual do Lectorium Rosicrucianum. Portanto, por um lado descendo até o ponto mais profundo da atividade terrestre, por outro lado subindo até os cimos mais elevados da possibilidade, a fim de que todos os símbolos sejam e se tornem verdade e realidade! Amém.

Segunda alocução

O homem moderno que começa a compreender algo do objetivo de sua existência e começa a enfocar seu estado de vida defronta-se com duas grandes dificuldades na sociedade em que vive. São dificuldades que têm várias consequências e fazem surgir diversos problemas, podendo ser sumariamente designadas como as dificuldades do passado e as do futuro.

O passado, devido a leis naturais, legou ao ser humano seu fardo cármico; por consequência ele tem de lutar continuamente contra várias desarmonias presentes em sua vida. Se não travar essa luta interior, ele fortalecerá diariamente o "anti-homem" em sua personalidade.

O futuro traz grandes preocupações a quem se tornou consciente de sua missão de vida, porque as normas da vida social, os hábitos e os costumes frequentemente são estabelecidos por leis e decretos oficiais. Por conseguinte, são inevitáveis e, por natureza, hostis à senda que ele deve trilhar. Em suma, sua situação é a seguinte: o ser humano finalizou seu curso de vida natural até o nadir. Todas as tarefas baseadas em leis científicas contidas nesse curso de vida foram completadas em sua personalidade. Em vista disso, ele está pronto para sua grande viagem de regresso à casa do Pai. Ele poderia, portanto, pôr-se a caminho. Ele poderia ir da natureza da morte deste mundo para a natureza totalmente outra: a supranatureza, denominada reino dos céus.

Em seu caminho para o nadir ele já recebeu todas as ferramentas para a viagem: tudo se encontra nele. Contudo, a grande dificuldade encontra-se no fato de o ser humano nascido da natureza nada saber sobre essa grande viagem, esse caminho de desenvolvimento que ele deve empreender. E a sociedade adaptou-se a essa ignorância, orientando-se exclusivamente para a vida nascida da natureza. Ela criou uma estrutura social baseada na ideia de que a vida nascida da natureza e seu desenvolvimento são a única meta para a qual todos são chamados.

As autoridades, que deveriam saber mais, deixaram de esclarecer o ser humano buscador de nossa era sobre sua verdadeira finalidade de vida, pois pela negação do único necessário, essas próprias autoridades perderam sua compreensão, sua faculdade de discernimento, dedicando-se assim à estrutura social do momento, apenas especulando sobre uma vida após esta vida – portanto, sobre a morte!

Pois bem, é nesta situação que nós, que nos pusemos a serviço do grande plano divino de desenvolvimento, devemos procurar nosso próprio caminho, encontrá-lo e palmilhá-lo.

Numa situação mundial que se tornou absolutamente estranha para nós, e com os olhos abertos para os perigos que nos ameaçam e enganam, vamos falar agora desse grande plano de desenvolvimento, do plano de Deus, que se encontra na base de nossa existência.

A personalidade inteira, com tudo o que a ela pertence e pode ser classificado com esse nome, em suma, nosso microcosmo, é de fato um ser duplo. Um desses seres, o ser mortal, nascido da natureza, está manifestado. O outro ser não está manifestado; ainda não.

Deveis compreender bem isto! Muitos órgãos daquele que ainda não nasceu em vós estão presentes em vosso ser nascido da natureza, portanto, num estado material denso. E isso é absolutamente necessário para que a Grande Obra possa ser realizada, pois o homem deve realizar esse trabalho de baixo para cima. Por conseguinte, ele necessita de órgãos materiais para poder realizar um trabalho não material.

Esse é um assunto delicado, pois, se utilizássemos os órgãos em questão unicamente para fins materiais, faríamos a Grande Obra malograr completamente, e impediríamos totalmente o curso do desenvolvimento de nosso ser, tal como tencionado no plano de Deus, e bloquearíamos assim nossa vocação.

Essa utilização errônea causa processos degenerativos, como sem dúvida ireis compreender do que precede. Esse é um dos significados da passagem bíblica que diz: "Estar no mundo, mas não ser do mundo".

Aos órgãos supracitados pertence, entre outros, o coração, pelo menos determinada parte do santuário do coração. Em seguida, o santuário da cabeça, do qual citamos especialmente o pensamento racional, a hipófise, a pineal e o córtex cerebral. Existem ainda outros órgãos, que diríamos secundários, como por exemplo os demais órgãos endócrinos e o cerebelo.

Todos esses órgãos devem ter dupla serventia: no mundo da queda e, ao mesmo tempo, também na outra ordem de natureza a que já nos referimos, a "supranatureza". A supranatureza, a outra ordem de natureza, manifestar-se-á por efeito da utilização correta dos órgãos acima referidos. Esses órgãos atraem para si substâncias muito sutis, de natureza atômica aqui desconhecida, substâncias que penetram em vários centros latentes de nosso ser e neles se manifestam conforme sua finalidade.

Assim, mediante o antigo ser e com seu auxílio, cresce e desenvolve-se em nós o novo ser. E progressivamente esse novo ser se manifesta e se faz valer, ainda que de maneira diferente daquela a que estamos acostumados como seres nascidos da natureza; tão diferente que nenhuma comparação é possível.

Esse caminho de desenvolvimento está em total harmonia com o que é exposto na Bíblia. Considerai, por exemplo, a Primeira Epístola de Paulo aos Coríntios:

> "[...] manifesta se tornará a obra de cada um; pois o Dia a demonstrará, porque está sendo revelada pelo fogo; e qual seja a obra de cada um o próprio fogo o provará. Se permanecer a obra de alguém que sobre o fundamento

> edificou, esse receberá galardão; se a obra de alguém se queimar, sofrerá ele dano; mas esse mesmo será salvo, todavia, como que através do fogo. Não sabeis que sois o templo de Deus e que o Espírito de Deus habita em vós?"

Na época em que essas palavras foram escritas, sabia-se ainda a respeito dessa verdade, ou seja, em nosso microcosmo habitam tanto a morte como a vida. A morte não no sentido de algo inútil e supérfluo, porém no sentido de algo finito, a fim de poder-se construir e realizar o infinito.

Encontramos no pensamento racional um exemplo surpreendente do que objetivamos dizer-vos.

O pensamento racional é uma faculdade finita, porém ele é considerado e utilizado como objetivo final de tudo. É chamado de "eu sou", de espírito, de alma, e essa faculdade é sobrecarregada até o limite: especulações, suposições, coisas supérfluas e tudo quanto se designa como conhecimento.

Quando esse curso pernicioso de desenvolvimento ultrapassa determinado limite, manifesta-se, entre outras coisas, uma degeneração do córtex cerebral, e a pessoa em questão torna-se inapta para o caminho do desenvolvimento humano que lhe é destinado. A Grande Obra, que deve ser realizada no templo, já não pode ocorrer. E tempestades e danos cada vez maiores se manifestam.

Refleti, portanto, sobre a advertência válida para todos:

> *Se alguém destruir o templo de Deus,*
> *Deus o destruirá,*
> *porque o templo de Deus,*
> *que sois vós, é santo.*

Oração final

A rosa da alma anseia em teu ser
pela liberdade prometida.
Ela foi eleita para a magnificência.
Restitui, pois, o que lhe foi usurpado!

Através de todo o esforço endurístico,
tua vida recebe um profundo sentido.
E a finalidade de teu caminho de sacrifício
— a alma — tu a elevarás ao céu.

O ser-alma mostrar-se-á a ti
tão logo tua incumbência chegue ao fim.
E então, nessa última hora, serás lançado
na morte que é a verdadeira vida.

Por isso, entra no Roseiral
e aspira seu aroma.
A Gnosis esteja em todos os teus caminhos!
Entra agora na profunda paz! Amém.

Benção final

Irmãos e Irmãs, rogamo-vos: preparai-vos para trilhar as novas sendas, pois o tempo chegou! Que todos vós possais compreender o significado indizível desse caminho de libertação, por meio do qual vos aproximais dos altares da grande salvação.

Que a bênção de Deus desça sobre vós e esteja ativa em vós. Amém.

5

A PRIMEIRA RUPTURA

Saudação de abertura

Em nome da Fraternidade da Vida, novamente nos colocamos a serviço gnóstico para o mundo e a humanidade. Amém.

Que a graça de nosso Senhor Jesus Cristo vos conceda a força interna para isso. Amém.

Rogamos por vós: possam as bênçãos deste novo dia descer abundantemente sobre vós e em vós. Amém.

Prólogo

Ó Gnosis, que possamos agora
pôr os pés no caminho!
Que consagremos nosso estado de vida
à meta à qual ele se destina!
De graça tudo recebemos,
para que o ofereçamos
ao grande e maravilhoso milagre
do nascimento da alma.

Nós, que fomos acolhidos no corpo-vivo
da Fraternidade da jovem Gnosis,
recebemos a semente da luz eterna.
A semente do Espírito é assim
lançada na natureza,
para que nossa natureza se consagre
ao serviço do Espírito,
e do corpo natural desperte o novo corpo-alma.

Que todos nós possamos compreender
o mistério da libertação! Amém.

Rito

Nos templos da Rosacruz Áurea, três símbolos constituem o fundamento sobre o qual deve ser realizada, em Cristo, a grande obra de salvação.

Em primeiro lugar, há a Bíblia, como testemunho do Verbo divino.

Em segundo lugar, somos colocados diante da rosa do santuário interior.

Em terceiro lugar, há o imprescindível candelabro que está diante de Deus.

Na Escola Espiritual da Rosacruz Áurea vemos esses três símbolos como os três faróis luminosos pelos quais todo aluno deve esforçar-se.

A *Bíblia* é o símbolo da Doutrina Universal, do plano de Deus, a grande meta da Terra Perfeita, portanto, o fundamento de todo o trabalho que deve ser realizado para o mundo e para humanidade.

A *rosa* no santuário do coração deve estar sintonizada com essa sublime e santa meta. Sempre deve ser examinado se a obra a ser realizada está prosseguindo da maneira correta com base nesse plano.

Em seguida, é preciso verificar se o *candelabro* de fato está aceso. O candelabro aceso dá-nos a força espiritual sétupla da flama universal, mediante a qual a meta libertadora pode ser atingida.

É nesse controle triplo que se apoia a construção que deve ser edificada pelos obreiros na vinha de Deus. E pelo resultado se pode verificar, então, se de fato o trabalho está sendo feito em harmonia com o plano divino de salvação.

Para isso foi manifestada a Escola Interna da Rosacruz Áurea. A Escola Interna, com a força motriz espiritual que dela emana, poderá amparar e conduzir a comunidade de almas.

Com as três luzes, a Escola Interna, sem atividade externa, vigiará a maneira pela qual se realizam os processos do corpo-vivo da Escola Espiritual.

Portanto, isso significa que a Escola Interna deve realizar sua tarefa dentro do corpo magnético com as forças fundamentais liberadas da Bíblia, da rosa e do candelabro. Com isso se objetiva, entre outras coisas, que o fogo santo deva estar presente e ativo na Escola Interna para a interpretação do Verbo divino.

Em seguida, esse fogo santo deverá arder permanentemente nas oficinas consagradas, no templo e no santuário interior.

Em terceiro lugar, deve ser observado o que é feito com o fogo do candelabro e qual é o resultado do fogo espiritual utilizado.

Do modo assim considerado, mantém-se viva a pergunta: existe permanente unidade do coração e da cabeça com o corpo alma-espírito de Cristão Rosa-Cruz?

O processo de desenvolvimento da alma-espírito é sempre submetido a um exame triplo:

O que está faltando ao fogo sagrado nos obreiros que representam esse fogo?

Por que razão esse fogo, eventualmente, não pode produzir efeito?

Mesmo quando o fogo santo está totalmente presente e produz efeito, o trabalho é, então, de fato efetuado de modo puro e, portanto, responsável?

Caso isso não aconteça, qual será a causa? E qual é o resultado? Está o resultado em perfeita harmonia com o fogo santo, isto é: está sendo demonstrada perfeita objetividade? Está sendo praticada perfeita reação impessoal? O amor impessoal ao próximo irradia na força da rendição, que permite dizer do íntimo: "Senhor, seja feita a tua vontade e não a minha"?

Somente quando todas essas condições forem satisfeitas de modo positivo, as forças liberadas nos veículos mais externos do corpo magnético da Escola Espiritual poderão ser trabalhadas de maneira correta e sem prejuízos para o corpo-vivo, ao passo que na radiação de amor impessoal da Escola Interna o fogo sagrado da alma-espírito será ininterruptamente inflamado e estimulado nos obreiros para uma utilização correta, e por eles será aplicado.

Desse modo, com base nas forças ativas e libertadoras presentes no "corpo mais interior" se efetivará um metabolismo harmonioso, o que fortalecerá muito a Escola Externa em sua atividade de apoio a serviço da humanidade buscadora.

Em completa concordância com a qualidade das Escolas Interna e Externa da Rosacruz Áurea, a tarefa que nos foi concedida pela Corrente de Fraternidades da Vida sem dúvida terá bom êxito. Amém.

Terceira alocução

Dissemos ontem à noite que o próprio ser humano está em condição de danificar gravemente o plano de Deus que nele tomou forma, de modo que em dado momento o plano já não poderá funcionar, e o ser humano se tornará perfeita vítima abúlica de toda a carga cármica de seu ser.

Essa é uma das principais causas da tremenda tensão nervosa dos tempos atuais e, em consequência disso, muitos já não podem ser considerados responsáveis por seus atos, e assim vão de mal a pior.

Durante os últimos meses se falou tanto sobre isso na Escola que já não precisamos delongar-nos. Que seja suficiente estabelecer uma vez mais que, nesse sentido, a humanidade chegou a uma crise muito séria e agora se trata de verificar de que modo o ser humano, mediante atividade própria, poderá escapar dessa crise.

É com ênfase que dizemos: mediante atividade própria, porque depois de algum tempo o ser humano se defrontaria com as mesmas dificuldades se fosse liberado delas por uma força estranha ou divina. Com efeito, apenas a atividade própria, com base em órgãos que nele já estão predestinados para esse fim, pode verdadeiramente conduzi-lo à liberdade.

Dirigi agora a atenção para o coração, que pulsa no corpo e, portanto, vive, e permiti que, em relação a ele, mencionemos de maneira especial a Bíblia. De fato, nela se encontra tudo o que é preciso conhecer sobre o coração.

Na personalidade existem duas espécies de músculos: os voluntários e os involuntários. Os músculos voluntários estão sujeitos à vontade, os involuntários não estão sujeitos à vontade. Os músculos voluntários não podem colaborar no objetivo que nos foi proposto porque são totalmente controlados pelo anti-homem em nós. Da mesma forma, os músculos involuntários, que são governados pelo sistema nervoso simpático, não podem ser utilizados para nosso objetivo pelas mesmas razões.

Trata-se agora de travar o combate contra a crise que nos acometeu, e contra as forças e influências inimigas que nos ameaçam. Precisamos romper essa sujeição! Precisamos ter controle sobre um músculo involuntário que está ligado diretamente com o sistema nervoso cerebrospinal e, portanto, também com o cérebro.

O ser humano possui um único músculo nessa condição, a saber, o coração. Existe, com relação ao coração, uma peculiaridade, ou seja: ele também pode ser empregado simultaneamente de modo voluntário. Portanto, ele encontra-se sob duas influências: o anti-homem em nós pode controlá-lo, mas também o homem superior pode fazê-lo.

Assim podemos falar e falaremos de um combate do coração. Devemos dar início a esse combate; todos os seres humanos devem travar essa luta. A Bíblia dá ênfase a isso com as conhecidas palavras das bem-aventuranças: "Bem-aventurados são os puros de coração, pois eles verão a Deus!"

Quando refletimos sobre o coração, descobrimos um processo maravilhoso. Deve ser do vosso conhecimento que a atividade dos pensamentos despedaça o tecido nervoso e o destrói. Semelhante destruição pode ser e será restaurada pelo sangue.

Quando o santuário do coração do ser humano está verdadeiramente "aberto" à luz da Gnosis e foi purificado, e o sangue do coração purificado aflui ao sistema nervoso cerebrospinal do santuário da cabeça, então, além da purificação também se produz ali ordem. Também ocorre o restabelecimento do verdadeiro objetivo dos órgãos e das possibilidades de todo o sistema do novo homem. Esse sistema está assentado de maneira fundamental no santuário da cabeça.

No coração se encontra uma força que purifica o sangue: a força da rosa. Quando essa força se tornou ativa em nós, quando a despertamos e a libertamos, quando, pois, a rosa do coração abriu-se verdadeiramente – abertura essa que pode ser efetuada mediante o mais profundo anseio pela vida superior e libertadora, ligada a um grande anelo de auxiliar a outros que são afligidos pelas tempestades da vida – essa nova força purifica todo o sangue que flui pela cavidade do músculo do coração, sangue que representa a totalidade do tipo humano com todas as suas atividades.

O sangue natural que carrega a imagem do vosso total estado pecaminoso é, portanto, purificado no coração. Para indicar o significado imenso e mágico disso, é dito no Sermão da Montanha: "Bem-aventurados" – isto é, curados – "são os puros de coração, pois eles verão a Deus".

O que acontece, então? Quando, pelo desenvolvimento do coração, a força do amor aflui ao santuário da cabeça através da pequena circulação sanguínea, que está diretamente ligada ao sistema cerebrospinal, o sangue purificará o córtex cerebral, que, em muitas pessoas, se encontra gravemente danificado.

Em seguida o sangue purificado afetará os centros cerebrais que estão carregados de intenções egocêntricas, neutralizará a teia de pensamentos egocêntricos e depois disso os expulsará do sistema.

Em terceiro lugar essa força sanguínea pura livrará completamente do egocentrismo todas as atividades racionais e banirá do sistema a natureza de cobiças.

Dessa maneira, avançando passo a passo, a atividade da nova força sanguínea fará desvanecer e desaparecer o velho homem da natureza-eu com todo o seu cortejo cármico de injustiças. E o novo homem, a natureza superior, despertará.

Em quarto lugar, a corrente sanguínea, após ter realizado seu trabalho no santuário da cabeça, segue novamente para baixo, e afetará o corpo inteiro com a força purificada do coração.

Somente dessa maneira é que o ser humano poderá vencer os grandes danos psíquicos advindos do estado de nascido da natureza e poderá ver desaparecer os véus que o separam da realidade vivente da supranatureza.

Então a primeira ruptura é alcançada, pois, pela purificação da força de amor, é liberado o caminho para três centros latentes no santuário da cabeça. Um deles encontra-se imediatamente atrás do osso frontal, atrás da raiz do nariz. O segundo e o terceiro localizam-se no centro e no topo do santuário da cabeça respectivamente. Mediante a atividade contínua do sangue purificado que ascende do coração, esses três centros latentes abrem-se completamente.

Nesse momento a aurora nascente pode ser contemplada; a alma renascida começa a brilhar no horizonte. Na sede da rosa áurea se realizou a gênese da consciência do centro da fronte. Os grilhões que por tanto tempo mantiveram o homem aprisionado à natureza inferior de desejos foram rompidos. O efésio, o habitante da fronteira, irrompeu no novo país.

Esse é, em suma, o processo que denominamos "a primeira ruptura". Compreendereis, contudo, que essa vitória talvez não se dê assim tão depressa quanto esperais. Porém, assegurai-vos de que, se persistirdes na senda que acabamos de descrever, tudo podereis na força de Cristo, pois o sangue de Jesus Cristo purifica-nos de todo pecado.

Se alguns de vós achardes que meramente usamos nossas carências e aflições e nossos anseios mais profundos como um meio religioso-natural para alcançar algo, aguardando que talvez mais tarde tudo melhore, gostaríamos de mostrar claramente o que entendemos por Cristo.

Houve um tempo no passado em que a senda de iniciação ainda não estava aberta para todos os homens. Somente eram admitidos os que eram chamados diretamente pelos próprios hierofantes, que os conduziam aos santuários. Isso ocorreu na época em que as antigas religiões de raça ainda estavam plenamente ativas; a época do Período Lunar, em que o sol, a lua e a terra estavam ligados de maneira especial e formavam uma trindade. Até que chegou o momento de uma nova manifestação no curso de desenvolvimento cósmico. O Espírito de Cristo estava ocupado em manifestar-se como um salvador material *e* espiritual.

Sabemos que a força solar é indispensável para toda a vida sobre a terra. Ela provê a terra inteira e tudo o que nela vive de tudo que necessitam. Nesse sentido, o ser humano depende totalmente do sol. Ora, o fato de o ser humano ser uma criatura de Deus e, portanto, depender do sol, é prova de que o sol, a terra, a humanidade e o próprio Logos estão ligados entre si segundo um plano. E o fato de o ser humano, tal como ele é, ter como fundamento um poderoso plano de desenvolvimento em vias de realização mostra-nos que a manifestação material do Logos Solar é a mão estendida de Deus.

A manifestação espiritual do sol é igualmente um fato real. Por isso, Cristo também é denominado um Espírito Solar. Essa manifestação espiritual foi realizada quando a trindade cósmica que acabamos de mencionar ainda existia. Ela foi recebida diretamente pela Lua e de lá reenviada para a terra e para a humanidade pelos Anjos Lunares. Isso ocorreu, como já dissemos, na época das religiões de raça.

Porém, em dado momento, na aurora da época ariana, a energia espiritual do sol foi diretamente irradiada para a terra. A partir desse momento, Cristo foi ligado de modo direto com a humanidade, para uma ressurreição ou para uma queda. Um desenvolvimento completamente novo iniciou-se, um desenvolvimento que conheceis. Conheceis o mito da estrela que apareceu aos sábios do Oriente.

Esperamos, e oramos por isso, que compreendais o que há de incontestável nestas palavras de Ângelo Silésio:

Ainda que Cristo nascesse mil vezes em Belém
e não em ti, estarias extraviado, porém.
Contemplarias a cruz do Gólgota em vão,
se em ti não erigisses da rosa o coração.

Oração final

Empreendemos a tarefa da alma,
e, vigorosamente, a quilha
de nosso barco da vida sulca
as águas da vida: o mar da natureza.
E todos os que, ao lado do Graal,
trilham a senda, veem reluzir,
na outra margem, a cruz do *Salvat*
e os zimbórios da cidade.
E, atrás de nós, vemos o passado
esvair-se qual névoa. Amém.

O chamado da Gnosis
Soa agora mais poderoso,

como sinos que
cantam e vibram,
carregados de bênçãos.
E incontáveis são
os que seguem conosco. Amém.

Bênção final

Que nesta quarta Conferência de *Aquarius,* na luz e na força do Espírito santificador de Deus, todos vós sigais vossa vocação em nome de Deus, e possais realizar vossa tarefa como homem-alma. Amém.

6

Iniciação e autoiniciação

Voto

Amigos e amigas,

Que o pão da vida seja vosso alimento;
que o vinho do Espírito vos conceda refrigério;
que o sal purificador vos transforme em incorruptibilidade. Amém.

Possa a luz de Cristo estar
permanentemente ao vosso lado. Amém.

Oração de abertura

A magnificência pela eternidade seja ao Deus onisciente, que é poderoso para libertar-vos segundo a boa-nova da salvação e o toque da Fraternidade de Cristo, segundo a revelação da Gnosis, que esteve oculta ao longo de séculos, mas agora é revelada por ordem do Eterno, que quer conduzir-vos à obediência à senda sagrada. Amém.

Rito

> "Mas, antes que viesse a fé, estávamos guardados sob a tutela da lei, nela encerrados, para essa fé que haveria de revelar-se. De maneira que a lei nos serviu de tutor para conduzir-nos a Cristo, a fim de que fôssemos justificados pela fé. Mas, havendo chegado a fé, já não estamos subordinados ao tutor; vós todos sois filhos de Deus mediante a fé em Cristo Jesus; porque todos quantos fostes batizados em Cristo já vos revestistes de Cristo. Porque todos vós sois um só em Cristo Jesus." Amém.

Os aspectos da senda libertadora, contidos no interior do corpo magnético da Escola Espiritual, formam um desenvolvimento reto e harmonioso do verdadeiro discipulado. Eles garantem um desenvolvimento muito rápido de todas as forças e faculdades presentes na totalidade do microcosmo, desde o primeiro instante em que um ser humano ingressa no campo de busca da Escola Espiritual até a última hora que precede sua libertação mediante a entrada na Terra Prometida.

No entanto, a condição para tudo isso é a fé absoluta e radiante em Jesus Cristo. O que significa isso?

Não deveis pensar que Jesus Cristo seja um ser divino que se encontra fora de vós. Não, Cristo, o grande portador da salvação, encontra-se, já desde o primeiríssimo início, oculto *no* ser humano como semente, como um botão de rosa, como um último vestígio do ser divino original.

Se o ser humano dedicar-se a esse último vestígio do ser divino original, o qual apenas pode manifestar-se na radiação do Sol universal, a fonte de toda a vida, então essa semente oculta nascerá como homem-Jesus, isto é, como homem-alma perfeito. A fé real, a fé verdadeira, traz consigo esse processo, o caminho das rosas. Quem percorre esse caminho torna-se um verdadeiro filho de Deus, progredindo de força em força. Amém.

Suponhamos agora que, anelantes, ansieis por seguir a senda libertadora, mas que, em realidade, ainda não o façais; que os aspectos de vossa atitude de vida demonstrem inteiramente o contrário. Isso significa, na verdade, que de fato *poderíeis* trilhar a senda, porém ainda vos deixais prender por toda espécie de ilusões do ser da personalidade e suas amargas consequências.

Inúmeros dentre vós, de tempos a tempos, ainda são bastante vitimados pela própria personalidade, ao passo que são reconhecidos como alunos da Escola Espiritual e, consequentemente, estão acolhidos no corpo magnético da Escola.

Esse corpo magnético é de grande serenidade, ele não é *deste* mundo. Por isso, qualquer aluno que ainda não professe a verdadeira fé em Jesus Cristo e se agarre à personalidade dialética representa um perigo para o sistema magnético da Escola Espiritual: ele causa uma ferida no corpo do grupo.

Esse corpo do grupo sofre dores quase insuportáveis e carrega os vergões de todas as ações egocêntricas!

Compreendereis que ele não será capaz de tolerar essas aflições de maneira irrestrita, pois seria aniquilado antes que a sublime meta fosse atingida. Os impulsos egocêntricos poderiam infestar o grupo. E, em vez de um retorno à Terra Prometida, a jornada dos alunos bem rápido se perderia nas areias do deserto. Amém.

Muitos dentre vós reconhecerão conosco que a Escola Espiritual deve ter um mecanismo de defesa à sua disposição. Sua capacidade de suportar as aflições deve ser mantida dentro de determinados limites, tendo em vista a grande meta: poder levar definitivamente todos de volta ao lar. Para isso serve a lei da ordem do Espírito.

Existe liberdade imediata, perfeita liberdade, para os que verdadeiramente se acham na fé em Jesus Cristo. Esses justificados pela fé devem ser protegidos pela lei da ordem do Espírito. Os regulamentos, as determinações, a organização, os compromissos, as diretrizes definitivas, pelas quais todos devem pautar-se, existem para os que ainda não alcançaram realmente a fé em Jesus Cristo e, de tempos a tempos, deixam-se levar pela consciência da personalidade.

Contudo, os que são livres sujeitam a si mesmos pela fé. Eles são uma lei para si mesmos. Os que ainda não provaram que estão na fé inabalável em Jesus Cristo e dela vivem estão sujeitos ao sistema de proteção da Escola Espiritual.

Examinai a vós mesmos, agora, se alguma vez entrastes em conflito com as diretrizes espirituais da Escola Espiritual.

Caso isso tenha acontecido, então, naquele momento, ainda não havíeis alcançado a fé em Jesus Cristo. Levais em vós mesmos o critério de valores. É a lei que vos mantém na senda libertadora da alma? Ou já é a fé?

Se o virdes claramente, sereis gratos pela lei que vos julga, a fim de conduzir-vos, dentro de seus limites, à fé, portanto, à liberdade.

Se o virdes, sabereis do íntimo que muitos infligem feridas ao corpo-vivo magnético, as quais são recebidas e suportadas com perfeito amor ao aluno.

Que essa explicação sobre a comunidade em Cristo Jesus e vossa participação na Escola Espiritual da Rosacruz Áurea possam determinar vossa atitude de vida no futuro. Amém.

Quarta alocução

Quando a ruptura no santuário da rosa do coração se realiza e o sangue da renovação passa a circular no santuário da cabeça, de modo que os três centros latentes de nossa natureza superior são vivificados, o novo homem, o homem superior, nasce de fato.

A coluna da consciência, que antes não podia elevar-se além do pensamento racional, e que em meio à confusão da dialética e sob a garra da natureza inferior de desejos procurava uma saída em todas as direções, pode elevar-se agora até seu ápice legítimo: até os pináculos da torre do Olimpo. A edificação do novo homem, do homem convocado pelo Logos, pode ter início.

Os que compreenderam verdadeiramente tudo o que foi dito até agora nesta quarta Conferência de *Aquarius,* especialmente o assunto de hoje, podem considerar-se "iniciados" no sentido literal da palavra, ou seja, saber que foram acolhidos no novo caminho de desenvolvimento.

Amigos, compreendei bem: iniciação no sentido clássico relaciona-se a um ponto no passado que ainda hoje muitas pessoas fitam cegamente, e delas se aproveitam especuladores de todos os tipos no mundo inteiro.

Quando o ser humano, como massa, ainda era inteiramente guiado pelas religiões de raça, porque a construção da personalidade ainda não terminara e o pensar racional ainda se encontrava apenas em fase inicial, havia somente alguns indivíduos isolados, entre os diferentes povos guiados pelas religiões de raça, que tinham ultrapassado o nível de desenvolvimento de seus semelhantes. Eles eram iniciados em templos destinados a essa finalidade, pois podiam ser de grande valor para o ser humano e a humanidade. A eles foi explicado claramente o que era esperado de toda a humanidade em um futuro distante, e que já naquele momento era revelado a eles como pioneiros, a fim de que pudessem preparar-se para servir realmente à humanidade logo que chegasse o momento apropriado. É evidente que essas iniciações eram sempre secretas, pois a massa, devido a seu estado de ser, não compreenderia nada e, portanto, ficaria confusa e encontraria dificuldades.

O fato, porém, é que atualmente o corpo racial tornou-se completo. O homem nascido da natureza está equipado com todas as faculdades necessárias, e se encontra agora diante do caminho de desenvolvimento de sua natureza superior. Tudo o que antigamente pertencia ao domínio da iniciação constitui agora o primeiro passo na senda da supranatureza, a qual tem de ser alcançada mediante autorrealização. Se quiserdes conservar a palavra "iniciação", então falai de autoiniciação.

Todos vós recebestes a receita da cura, a receita dessa autoiniciação. Do ponto de vista cósmico, a força de Cristo, o Espírito de Cristo, encontra-se no centro de nosso planeta. Essa força penetra a terra inteira com sua radiação. Do ponto de vista microcósmico, essa radiação divina se propagará em nosso ser: Cristo está, portanto, *em* nós.

Ora, trata-se unicamente de abrir o santuário do coração a ele. Então, tal como descrevemos, essa força da rosa se propagará em vós no santuário da cabeça, com todas as consequências libertadoras. Ninguém poderá privar-vos dessa força. Ninguém poderá retirar essa graça de vós, a menos que vós mesmos a renegueis.

No passado os Hierofantes da Lua auxiliaram a humanidade em sua senda. No entanto, agora e em futuro imediato, nessa reviravolta extremamente importante dos tempos, a *Fraternidade da Rosa-Cruz* assumiu e assumirá essa tarefa tão clássica e universal dos Hierofantes da Lua. Ela apoiará todos os que se conduzem com seriedade em seu caminho de vida, que desejam percorrer resolutamente a senda da gênese de uma consciência superior e elevar suas forças sanguíneas a outro nível. Assim, portanto, ela deu, para nós e conosco, o primeiro passo na senda da autorrealização.

Essa era a mensagem que tínhamos para transmitir-vos! A partir deste momento, a realização de nosso destino foi colocada em mãos humanas. Por isso, de agora em diante conheceremos, além do Lectorium Rosicrucianum, a Escola Interna.

No *Lectorium Rosicrucianum* sereis completamente instruídos na doutrina da Rosa-Cruz. É uma doutrina que corresponde e se sintoniza totalmente com a senda da humanidade, tal como ela teve de percorrê-la no passado e na qual terá de focalizar-se no futuro. E agora que o critério e o alvo da antiga senda foi atingido, pelo menos no que diz respeito ao fundamento e à preparação, devemos dar início à realização do futuro. Para que uma doutrina tenha sentido e mostre resultados, é necessário que ela seja aplicada, que ela seja realizada. E isso é o que fazemos na *Escola Interna da Rosa-Cruz.*

Assim a doutrina e a vida harmonizam-se. Gostaríamos de dar-vos uma metáfora dessa realização.

Já tivemos a oportunidade de explicar-vos como a força do sangue purificado, em sintonia com a natureza e o objetivo da renovação, pode ser preparada no coração do homem, e como essa força sanguínea purificada ascende até o santuário da cabeça e lá efetua:

1. uma purificação;
2. e, graças a essa purificação, a libertação de faculdades latentes, mediante as quais despontará a aurora de um novo dia.

Assim, em dado momento, todos os verdadeiros candidatos chegam, em sua viagem para o alto, à parte do sistema cerebrospinal indicada como "a torre do Olimpo" por Cristão Rosa-Cruz na obra *As núpcias alquímicas.* Se já lestes esse trecho do *Testamento Espiritual da Ordem da Rosa-Cruz,* então tereis compreendido que é com esforço que essa torre pode ser galgada. Os candidatos encontram cordas, escadas e asas à sua disposição. Porém, a fim de evitar qualquer arbitrariedade, é a sorte que decide quem receberá uma corda, uma escada ou asas. A razão para isso é clara: no atual estado de ser da humanidade, o sistema cerebrospinal apresenta-se como uma parte corporal mais ou menos danificada. Por isso, a tarefa de purificação e preparação é para cada um de nós bastante diferente, pois os obstáculos de uns não sãos necessariamente iguais aos dos outros.

Todavia, se perseverardes e seguirdes o conselho dos auxiliadores, a vitória, que consiste na reconquista da antiquíssima e clássica realeza do Espírito, não tardará.

Epílogo

Ó Bênçãos da Salvação,
quão elevados e maravilhosos
são os vossos caminhos
e quão múltipla é vossa graça.
Quem souber abrir vossas fontes
receberá em profusão a água viva,
que jorra ininterruptamente
das profundezas da manifestação divina.
Agradecemo-vos por quererdes tocar-nos. Amém.

No imenso fulgor de vossos campos,
entoamos nosso louvor:

o hino de alegria, gratidão e adoração,
porque não desprezais os rejeitados!
Mas vos dignais a olhar-nos
como portadores da imagem,
convocados a deveres elevados. Amém.

Possam muitos experimentar
conosco a paz de vosso toque! Amém.

Benção final

A terra precipita-se rápido para seu fim. Ainda há um curto espaço de tempo. Utilizai-o!

Então o Senhor da Vida virá com grande força e magnificência. A ele, o Cristo, sejam o novo céu e a nova terra, a força, o poder e a magnificência pela eternidade! Amém.

7

A vitória sobre o anti-homem

Voto

Que a Gnosis, a força templária da libertação,
seja com todos os que estão ligados a ela,
com todos os que invocam o nome santo.

Irmãos e Irmãs,
Que a graça e a paz de Deus, nosso Pai,
e do Senhor Jesus Cristo,
na comunidade com o Espírito Santo,
sejam convosco. Amém.

Prólogo

Quem já não se empenha por objetivos terrestres
e avança penosamente, como alguém ínfimo,
pela natureza da morte, despertará no novo
estado de alma com refinamento extremo. Amém.

Sendo sutil, ele se subtrairá
do julgamento dialético do homem
que continua a vaguear na escuridão
e apenas conhece os limites da vida inferior. Amém.

Quem ingressa na luz da consciência universal
e, penetrando mais longe, aspira às regiões da Gnosis,
compreenderá a profundeza insondável,
para onde o aluno no caminho se dirige. Amém.

Canto coral

Ó Pai, aproximamo-nos de ti, amor radiante,
força provinda de fontes profundas.
A alma resplandece,
e dos zimbórios da torre desce
agora em nós o Espírito de Deus.

Nascidos da Gnosis, a luz resplandecerá em nós.
Diante da aurora as trevas recuarão.
Novo hino ressoa jubilante,
cantamos o grandioso porvir:
o retorno a ti, ó Deus.

Tu abençoas todos os que um dia caíram
e tateiam como cegos na noite escura.
Brilha em nosso coração,
dissipa a ilusão das dores!
Ó Espírito Santo, penetra-nos!

Primeira Epístola de Pedro 1:3–9

"Bendito seja o Deus e Pai de nosso Senhor Jesus Cristo, que, segundo a sua grande misericórdia, nos gerou de novo para uma viva esperança, pela ressurreição de Jesus Cristo dentre os mortos, para uma herança incorruptível, imaculada e imarcescível, reservada nos céus para vós, que mediante a fé fostes guardados pelo poder de Deus para a salvação, prestes a ser revelada no tempo do fim.

Nisso deveis alegrar-vos, ainda que agora, por algum tempo, sejais contristados por diversas tentações, para que a prova da vossa fé, muito mais preciosa do que o ouro que perece, ainda que provado pelo fogo, alcance louvor, glória e honra, na revelação de Jesus Cristo. A ele, embora não o tenhais visto, amais; nele, apesar de não o terdes visto, mas crendo, vos rejubilais com alegria inefável e gloriosa, pois que alcançais o fim da vossa fé, a salvação da alma." Amém.

Rito

A Escola Espiritual da Rosacruz Áurea faz todo o possível para colocar nas mãos de seus alunos a chave que, mediante correta utilização, os transformará em homem alma-espírito, a fim de que a porta das portas se abra para eles.

Já é do conhecimento dos alunos preparatórios que a grande realização da vida não pode ser alcançada apenas por decisão da vontade. "A carne e o sangue não podem herdar o reino de Deus." Nessa primeira fase, a doutrina da Escola Espiritual atua sobre a consciência da personalidade. No início, trata-se de crer nas coisas que não são vistas com os olhos materiais. Quando, em seguida, a Doutrina Universal é assimilada e ativada, com abertura espontânea e total confiança e fé, então o toque do Espírito Santo é irrevogavelmente certo.

Dos alunos preparatórios, probatórios e professos também é esperada, então, uma boa orientação quanto ao alvo e à essência do plano de salvação em Cristo, a fim de que as radiações do Espírito Santo possam estar ativas neles e a doutrina da Rosacruz Áurea possa brilhar diante de sua consciência.

Desse modo, pode-se associar os alunos do Lectorium Rosicrucianum às figuras de Zacarias e Isabel do Evangelho de Mateus. Eles levavam uma vida santificada em autossacrifício e presteza em servir. No entanto, isso é apenas uma fase temporária na peregrinação humana, e que se poderia denominar o prólogo de um futuro processo de desenvolvimento.

A segunda fase é a do toque tríplice, pleno de prana da vida divina. Nesse toque tríplice, mediante o grande alento da vida de Deus, nasce o homem-João, que, em sua vida, será o demolidor e, ao mesmo tempo, o profeta.

Entretanto, o eu da natureza tornou-se consciente de que também esse estado de vida deve ser demolido, visto que uma realidade de vida sublime se anuncia. O homem-João sabe, do íntimo, que sua vida do momento é apenas uma fase no sistema de criação do plano de Deus para o mundo e para a humanidade. O alvo agora é: poder aproximar-se do homem-Jesus.

Nessa terceira fase, todo o dinamismo da consciência do homem-personalidade passa para o segundo plano de seu ser: o homem-João é introduzido no Átrio da Escola Interna. As forças de radiação universais e originais entram em ligação direta com o aluno. Pode-se comparar a alma desperta, gerada por valores etéricos totalmente novos, com o menino Jesus.

Em seguida, a vida do aluno se unificará harmoniosamente com a Doutrina Universal do amor. A quarta fase no processo de desenvolvimento inicia-se: a porta da Escola Interna abre-se para o homem-João! Amém.

Depois que a porta da Escola Interna se abriu para o aluno, produz-se no microcosmo uma enorme mudança. Se o homem-personalidade muito conscientemente já não se coloca em primeiro plano, então, de modo tríplice e gradual cresce no microcosmo o homem-alma Jesus.

Em primeiro lugar, desenvolve-se no campo de manifestação do aluno um novo eu superior astral. Em segundo lugar, no campo etérico do aluno se ergue a imagem do imortal. Em terceiro lugar, desenvolve-se na personalidade uma estrutura totalmente nova de linhas de força da figura da alma-espírito.

Uma vez que o menino Jesus efetua seu processo de desenvolvimento do e mediante o Espírito Santo, ele é perfeitamente sem pecado e justo diante de Deus. Por isso, mais tarde na vida, ele testemunha: "Eu e o Pai somos um". Mediante o declínio completo do homem-João, um Filho do Homem amadureceu, o qual de fato *está* no mundo, porém não *é* do mundo. O intuito da tarefa do Filho do Homem é ser um testemunho vivo de uma realidade de vida numa forma de manifestação divina, que se aproximou da humanidade.

Essa fase da vida conduz o homem-alma até o homem da eternidade: Cristo. Começa a quinta fase. Jesus, o Senhor, morre segundo a natureza, não em razão de um estado pecaminoso, mas porque ele é o mediador da nova aliança. Ele ressuscita do túmulo da natureza; sua parte terrestre grosseira desaparece completamente. E, quando, por fim, ele sobe ao céu, manifesta-se o homem alma-espírito, o Filho de Deus, o Cristo unigênito. Unicamente então se manifesta o verdadeiro homem celeste, que encontrou sua coroação em Cristo.

Esses são os cinco processos de transmutação pelos quais deverá passar todo aquele que quer seguir o caminho até Cristo, antes que a senda libertadora seja realizada até seu final. Sabeis agora que existe um processo quíntuplo, que leva da escuridão até a luz eterna:

1. O desenvolvimento do homem natural até o homem cultural;
2. O progresso do homem cultural para o estado de vida limitada e santificada, que na Escritura Sagrada é indicado como o estado de efésio;
3. O desenvolvimento que vai de efésio a demolidor da natureza;
4. A ascensão do demolidor da natureza até o homem sem pecado, Jesus;
5. O desenvolvimento do homem Jesus até a filiação unigênita, o ser de Cristo.

Que todos os que são admitidos no campo magnético da Escola Espiritual possam, um dia, levar a bom termo o processo quíntuplo de santificação acima descrito. O poderoso mantra com que podeis abrir a porta dessa senda é: "Posso todas as coisas em Jesus Cristo, que me fortalece". Amém.

Quinta alocução

Quando os centros cerebrais que se encontram ligados com a consciência superior, presentes em estado latente na maioria dos seres humanos, forem até certo ponto vivificados da maneira descrita e despertados de seu longo sono, então se poderá afirmar que o Espírito se tornou vivente. Ele desce do ponto mais elevado do santuário da cabeça para o interior do sistema nascido da natureza. Desse momento em diante, tanto o sistema cerebrospinal quanto o sistema nervoso autônomo ficam sob o controle da alma-espírito. Então, realiza-se outra vez, literalmente, uma abertura, e uma nova força irradia pela figura corporal inteira, com consequências extremamente notáveis.

Quando o Espírito puro se manifesta no microcosmo, quando o divino se manifesta na matéria, então o Espírito tem uma poderosa tarefa a cumprir. Tudo o que é material, tudo o que é nascido da matéria, deve ser purificado e transmutado. Cada átomo deve sofrer uma metamorfose, portanto deve adquirir uma composição diferente. Consequentemente, manifesta-se outra esfera de atividade do átomo. Ele poderá manifestar-se na matéria, ainda que de maneira totalmente diferente da anterior; todavia, ao mesmo tempo, outros domínios abrem-se para o átomo. Ele recebe o que denominamos "onipresença".

Contudo, *antes* que essa obra possa ser iniciada pelo polo positivo da mônada – ou seja: pelo Espírito manifestado como o homem superior uno – outra tarefa deve ainda ser cumprida. Quando é vivificado no ser humano, o Espírito deve manifestar-se de duas maneiras:

1. como uma verdadeira força espiritual, nascida da alma;
2. como uma faculdade moral-racional, cuja base encontra-se no Espírito.

Existem muitos seres humanos que apresentam e demonstram qualidades de alma. No entanto, eles ainda continuam suscetíveis de serem atingidos e feridos pelo aguilhão da natureza dialética, por aquilo que é nascido da natureza. Assim, a alma e a razão permanecem abaixo de determinado nível. De tempos em tempos, eles pecam, e sabeis o que é dito na Bíblia: "A alma que peca, essa morrerá".

Somente quando se realiza de modo verdadeiro a unidade entre Espírito, alma e razão, quando esse triângulo superior é traçado, pode ter início o verdadeiro trabalho libertador superior. Consideramos como uma preparação tudo o que precede esse nascimento.

O trabalho que deve ser realizado em seguida tem quatro aspectos: o veículo astral, o veículo etérico e o corpo material devem ser realmente animados e colocados sob o verdadeiro controle racional, em perfeita harmonia com as leis do Espírito, as leis do novo estado de vida. Tudo o que é da natureza deve respirar profundamente o alento da nova natureza, o espírito da nova natureza.

Quando essa tarefa é realizada, segue-se a quarta prova: o anti-homem deve ser atacado e expulso de seu lugar. Deveis compreender bem isso. O anti-homem (é de propósito que escolhemos este nome para indicá-lo) é efetivamente antinatural, não obstante muito real. Todo o trabalho de construção que porventura tivermos empreendido poderá ser bloqueado por ele. Queremos agora tentar explicá-lo.

Durante um período de tempo quase inimaginável, desenvolveu-se o antigo estado de ser, o estado de ser natural comum. Esse caminho de desenvolvimento tem como fundamento uma única e mesma ideia, a ideia da gênese humana. O estado de nascido da natureza devia tornar-se e estar completo antes que o estado supranatural pudesse ter início.

Por essa razão, no passado, a totalidade do estado de ser do homem sempre esteve no nível do plano de desenvolvimento natural comum, tal como o encontramos na natureza inteira. O homem, tal como o conhecemos, é de fato uma espécie de animal superior. Devemos encarar essa verdade, ainda que se tente de tudo para negá-la. Isso evidencia-se, por exemplo, no fato de que, ocasionalmente, se tenta transformar o macaco num ser humano.

Se o ser humano tivesse permanecido a criatura comum dos primórdios, nascida da natureza, não se poderia cogitar no menor vestígio sequer de anti-homem. Contudo, desde o desenvolvimento das religiões de raça houve uma modificação. Num ritmo de desenvolvimento bem cauteloso, lento, que se estendeu por milhares de anos, certa moralidade foi instilada no homem. Foi feita uma distinção entre o estado de vida totalmente natural do homem, com seus hábitos de vida, no qual de fato não se podia detectar o menor traço de pecado, por um lado, e um homem diferente, superior, por outro lado. E assim o primeiro passinho milimétrico foi dado em direção a uma nova gênese humana.

À medida que esse processo avançava, manifestou-se, pouco a pouco, o *anti-homem*. Tudo o que o velho homem era e é, tudo o que pertencia a seus hábitos de vida, todas as suas ações, suas cobiças, seus desejos e aspirações acumularam-se sob a forma de violenta oposição, como uma espécie de autodefesa! O anti-homem, essa natureza de desejos inferior conglomerada em um ser, encontrou naturalmente um aliado em cada mortal de tipo semelhante com necessidades e desejos idênticos. À medida que o homem nascido da natureza se adaptava cada vez mais às leis e regras de vida mais elevadas, e sua moralidade atingia um nível superior, desenvolvia-se na mesma proporção uma luta entre o que se denomina a maldição negra e as influências divinas, entre o demoníaco e o divino no ser humano, entre o homem originário da natureza, que perdia terreno, e o homem em desenvolvimento, guiado pelos próprios deuses de raça.

Conheceis a lei natural: quem é fraco defende-se, e o ataque é muitas vezes uma forma de defesa. Assim, em poucas palavras, explicamos como surgiu o anti-homem. Ele é produto de uma lei natural e, até o presente momento, opõe-se ao andamento das coisas segundo o plano divino, que se realiza progressivamente. Ele luta para defender-se até a última centelhazinha de força vital.

Pode-se verificar, sem exagero, que no momento atual o anti-homem alcançou o auge de sua força. Durante o longo curso dos séculos, no decorrer dos quais o tipo humano nascido da natureza se desenvolveu, e durante a luta entre o homem que aspira a uma ascensão e o anti-homem que nele cresce, o ser humano foi como que sobrecarregado de pecados. O resultado foi uma consciência de pecado que na verdade se tornou agora bastante vigorosa em muitos, porém, em compensação, o anti-homem é tão forte que, praticamente na humanidade toda, se faz sentir nitidamente uma espécie de capitulação, uma submissão às condições astrais do momento.

Semelhante estado de comoção pelo qual passamos atualmente é sempre uma prova de que a lei natural será frustrada por uma lei do Espírito e de que a humanidade já sem fôlego ameaça perder a coragem. O fardo de pecados, estimulado pelo anti-homem, acumulou-se de tal modo que, no plano horizontal, praticamente já não há nenhuma solução.

Talvez agora compreendais, assim o esperamos, e oramos por isso, que a senda da Rosa-Cruz, da qual a quarta Conferência de *Aquarius* também está consagrada a conscientizar-vos, oferece a única solução possível. Unicamente por meio dessa senda é que se pode, sem luta, expulsar de fato o anti-homem do microcosmo.

Não existe um único ser vivente que, tendo trilhado o caminho de desenvolvimento que acabamos de descrever, possa escapar a essa tarefa. A ordem natural em nós deve ter um fim, agora que determinado ponto foi atingido.

Se isso não pode realizar-se de modo natural, com serenidade, paz e alegria, então se realizará inicialmente em discórdia. Em todo caso, no dia para isso estabelecido, a ordem natural será frustrada pela ordem espiritual de nosso Espírito Planetário, Jesus Cristo. O caminho de desenvolvimento do passado, que se tornou para a humanidade um caminho para o abismo, para a besta, será detido, pois de outro modo o universo inteiro acabaria por desnaturar-se, com todas as suas consequências.

O desenvolvimento ímpio da ciência, que se manifesta tão claramente, conduziu o ser humano até a beira do abismo. Ela não só ameaça nosso planeta com uma catástrofe, mas tornou-se atualmente uma ameaça intercósmica, não tanto pela vontade consciente do homem, porém muito mais pelo anti-homem nele, que está ocupado em atacar a ordem divina das coisas mediante a faculdade de pensamento de suas vítimas, os cientistas.

Por isso compreendereis que agora haverá *obrigatoriamente* uma intervenção, sim, é preciso intervir, como o indica claramente a Bíblia. O "número da besta" é evidentemente o número da humanidade decaída. Entre esses dois existe, devido a leis científicas, uma unidade absoluta.

Por essa razão, uma intervenção cósmica desenvolve-se, um processo de purificação e de mudança, um caminho de restabelecimento e de cura. Ouvimos falar da queda de Babel e escutamos o cântico de vitória por esse acontecimento. E ouvimos falar da derrota da besta e de sua hoste de profetas, da interrupção de todo o desenvolvimento do anti-homem, e do novo cosmo, que desse modo se desenvolve.

Irmãos e Irmãs, tudo o que agora ocorrerá intercosmicamente no mundo e em torno dele – e que será encarado pela humanidade como grande catástrofe – já poderá ser percebido com antecipação pelos que quiserem seguir a senda da Rosa-Cruz, pelos que quiserem libertar-se do anti-homem em si mesmos, e eles o conseguirão. Também em nós a ordem espiritual de Jesus Cristo deverá frustrar a ordem natural e suas consequências. Já vos indicamos o caminho para isso.

Após ter sido chamado para a ordem espiritual, e ter recebido a força para tanto, por três vezes Jesus, o Senhor, foi obrigado a dar prova de que se havia libertado por completo do anti-homem em si:

> "Com isso, o diabo o deixou; e eis que vieram anjos
> e o serviram."

Assim vamos ao encontro da ordem espiritual da renovação.

Oração final

Ó Luz Primordial
que irradias da vida divina!
Que possamos ser santificados por ti!
Venha a nós o teu reino!
Seja feita a tua vontade em todo o nosso ser,
segundo a tua natureza divina!
Dá-nos, para isso, cada dia o teu santo pão!

Na força de teu toque,
rompemos todas as ligações

que se opõem a teu plano;
perdoamos e esquecemos tudo o que
o mundo e a humanidade nos infligiram,
devido a seu estado de natureza.

Com base nesta nova atitude de vida,
extingue todo o nosso carma
com tua misericordiosa luz!

Ó Luz, guarda-nos na tentação
e liberta-nos do Maligno
quando ele nos ataca!
Em ti está a nova vida,
e a força, e a magnificência,
para tua eternidade. Amém, sim, Amém.

Benção final

Irmãos e Irmãs,
Nesta quarta Conferência de *Aquarius,* nossa missão era transmitir ao grupo inteiro dos alunos o pedido urgente da Fraternidade da Vida para que se preparem para os acontecimentos futuros de acordo com a essência da Escola Espiritual da Rosacruz Áurea. Começareis a fazê-lo, caso de algum modo isso vos seja possível, cada um no nível em que, como aluno, se encontra no momento?

Amigos,
Que o fogo da renovação vos toque. Que a natureza da vida vos renove dia a dia. Que o novo átomo vos conduza até a aurora da libertação. Amém.

Canto Coral

Que o Senhor vos abençoe e guarde.
Que ele faça luzir seu semblante sobre vós
e vos dê a sua paz. Amém.

Serviço de encerramento do *Presidium* da Suíça

8

Verdadeira gratidão

Voto

Senhor de Toda a Vida,
Força-Luz do Amor,
Espírito Santo Universal,
toca-nos e penetra todo o nosso ser! Amém.

A ti dedicamos o coração preparado,
a cabeça purificada,
a força de ação de nossas mãos. Amém.

Que possamos ser encontrados prontos,
em qualquer momento,
para cumprir tua santa missão, tua vontade,
por toda a eternidade. Amém.

Oração

Possa a fé, em sentido mágico,
liberar-se em nós.

Que o estado de fé seja comprovado
de modo tríplice por todos nós,
como esperança imperecível,
como poderoso testemunho interior,
e como positiva nova vida de ações,
em nova e autolibertadora atitude de vida!

Assim, os três mistérios gnósticos
completam seu ciclo inicial em nós.
O primeiro, o mistério fundamental,
desperta a luz da esperança
no santuário do coração;
o segundo, o mistério de Cristo,
guiará para dentro de nosso ser
as torrentes astrais divinas,
de modo que, através do fígado,
surja a vivência interna
de que a Gnosis está ligada conosco;
o terceiro, o mistério do Espírito Santo,
nutrir-nos-á com seus alimentos santos,
a fim de tornar-nos aptos a "viver a vida"
em ininterrupta orientação.

Possa esse sublime e poderoso
triângulo da fé resplandecer
em breve de todos nós! Amém.

Rito

Ouvireis um trecho da Sabedoria de Salomão:

"A justiça é o caminho para a sabedoria. Amai a justiça! Pensai no Senhor, vosso Deus, sim, buscai-o com um coração puro. Pois ele se deixa encontrar por aqueles que não o tentam e se revela aos que nele confiam.

A Sabedoria de Deus não ingressa numa alma maligna nem habita um corpo sujeito ao pecado. O Espírito Santo foge dos que têm coração falso. O Espírito Santo não pode estar onde reinam a mentira e a injustiça. A Sabedoria é um espírito clemente, mas não deixa impune o blasfemo, pois Deus é testemunha de todos os pensamentos, e conhece verdadeiramente todo o coração, e ouve toda a palavra.

O espírito do Senhor preenche o universo. Ele, que é onipresente, sabe tudo o que dizeis. Por isso, quem fala com iniquidade não pode permanecer oculto: a lei que o castigará não tardará. Por isso, guardai-vos de ação má, poupai a língua da maldição das mentiras, pois o que segredais uns aos outros às escondidas não desaparecerá sem antes causar-vos dano. A boca que mente mata a alma. Mas quem vive com justiça viverá eternamente."

Prece de Salomão pela Sabedoria

"Ó Deus de meus pais,
Senhor de misericórdia,
que por teu Verbo tudo criaste,
e com tua Sabedoria formaste o homem
para dominar as criaturas que fizeste,
para governar o mundo
com santidade e justiça,

e exercer o julgamento
com retidão de coração:

Senhor, concede-me a Sabedoria!
Faze-a descer de teu céu sagrado,
envia-a, para que ela em mim
habite e comigo trabalhe,
e eu saiba o que é de teu agrado.

Ela sabe e compreende todas as coisas.
Faze-a guiar-me em minhas ações
com compreensão e inteligência
e proteger-me com a sua glória.

Pois, que homem conhece o conselho de Deus?
Ou quem pode sondar o que deseja o Senhor?
Os pensamentos dos mortais são molestos,
e falíveis são nossos desígnios.
Tua sabedoria protege todos os que a receberam." Amém.

Todos os que são encontrados prontos para viver em conformidade com a Sabedoria obtêm a verdadeira Sabedoria.

A verdadeira Sabedoria, que está junto de Deus, não pode ser comprada nem ensinada em nenhuma escola da dialética.

De Deus recebemos a possibilidade, a força da fé, a força do amor, a força criadora para a ação pura, para realizar o plano da criação.

Quem participa da força libertadora irá doá-la a todos os que estão preparados para recebê-la.

Mediante o dar, nós sempre pertenceremos aos que recebem. Assim como a substância original aumenta ao doar-se, de modo análogo também acontece com os seres que têm discernimento e compreensão e assim agem. Amém.

Alocução

Com este serviço chega ao fim a quarta Conferência de *Aquarius*. O trabalho foi iniciado nestes edifícios em 11 de julho, a fim de poder receber a todos vós desde 21 de julho.

É desnecessário contar-vos quanto trabalho teve de ser realizado, tanto antes como durante a conferência. Os que puderam observar tudo isso sabem quão extenso e diversificado era o programa de trabalho. Por isso, apresentamos nossos sinceros agradecimentos a todos os que ajudaram a realizar esse grandioso evento.

Ora, falamos da gratidão que manifestamos a todos os outros que nos prestaram seu auxílio desinteressado. Todavia, também podemos ainda entender a palavra gratidão num sentido completamente diferente. A Bíblia está repleta de louvor e gratidão ao Criador. Assim lemos no Salmo 56:

> "Os votos que fiz, eu os manterei, ó Deus; render-te-ei ações de graças. Pois da morte me livraste a alma, sim, livraste da queda os meus pés, para que eu ande na presença de Deus, na luz da vida."
>
> (Salmo 56:12–13)

Nós também temos todos os motivos para ser gratos. Nesses dias de nossa quarta Conferência de *Aquarius* pudemos vivenciar a abundância de bênçãos da Fraternidade, e ninguém entre nós foi dela excluído.

Se vós não a experimentastes aqui, então sem dúvida a notareis depois do retorno a vosso lar, pois todos nós mudamos nestes dias. Por isso, no encerramento de nossa conferência queremos expressar nossa gratidão com uma palavra do salmista:

> "Bendito seja o Senhor, porque ouviu a minha voz suplicante. O Senhor é a minha força e o meu escudo. Nele confia meu coração, e fui socorrido. Por isso, meu coração exulta, e com o meu cântico o louvarei."
> (Salmo 28:6–7)

Esse agradecimento que se eleva de um coração purificado até a Gnosis é muito mais que pronunciar uma palavra. Desse agradecimento emana uma vibração, por meio da qual uma força é evocada. Se intimamente, do imo do coração, somos gratos, ligamo-nos com a força libertadora que é uma extensão da mão que nos guarda. Portanto, essa gratidão deve elevar-se espontaneamente do mais profundo de nosso ser e não pode ser calculista.

Quando nossa gratidão provém de um interesse puramente egocêntrico, assemelhamo-nos a um náufrago que se agarra tão convulsivamente ao melhor amigo que deseja salvá-lo que este também corre o perigo de afogar-se.

E isso não acontece frequentemente conosco, nós que não seguramos a mão salvadora que nos é estendida pela Fraternidade e, portanto, a negamos, ou a agarramos com demasiada força com toda a nossa personalidade? Por isso nossa gratidão deve ser uma prece que se eleva do coração.

Agora sabemos, e de novo nos foi dado compreendê-lo com muita clareza nestes dias, que faculdades poderosas dormitam no coração e podem ser liberadas. Também sabemos que as forças libertadoras precisam ascender à cabeça, a fim de que os órgãos latentes no santuário da cabeça possam ser vivificados. Contudo, não podemos bloquear essa corrente de forças libertadoras com nossos pensamentos e nossas faculdades racionais. Se se trata da gênese de uma nova consciência, então a maravilhosa flor áurea deve começar a irradiar. E isso apenas pode suceder quando as forças provindas do coração puderem circular sem obstáculos no santuário da cabeça.

Nestes dias também tivemos conhecimento de todo o auxílio imaginável que a Fraternidade da Rosa-Cruz prestará a nós, desde que aceitemos voluntariamente as consequências do caminho da Rosa-Cruz e efetuemos nosso trabalho em autorrealização. Todavia, para essa grande obra, que todos nós queremos realizar, é preciso realmente coragem e perseverança. Portanto, se nós não perdermos a paciência conosco mesmos, a obra deverá ter bom êxito, pois a Fraternidade também tem uma paciência infinita conosco, contanto que não larguemos sua mão salvadora.

Ora, quando falamos da Fraternidade e expressamos nossa gratidão a ela, pensamos não somente em todos os irmãos e irmãs que nos precederam e já há muito foram admitidos na corrente dos libertos. Porém, pensamos aqui especialmente no grupo dos enviados que desceram a nosso campo de vida, a fim de estabelecer a Rosa-Cruz moderna.

Pensamos no círculo da *Rosa Mystica* e sobretudo em seus representantes na esfera material: Jan van Rijckenborgh e Catharose de Petri. Cabe aqui nosso agradecimento pelo seu auxílio e amor sobre-humanos, com os quais eles têm cuidado da obra durante todos estes longos, difíceis e amargos anos, uma obra que agora, nestes dias, pôde celebrar sua coroação.

Irmãos e Irmãs,

Esperamos, e oramos por isso, que conserveis no coração e na cabeça as ricas bênçãos que pudestes receber durante esta quarta Conferência de *Aquarius* da Fraternidade da Rosa-Cruz.

Se nestes dias tomastes a firme decisão de trilhar realmente a senda da Rosa-Cruz, então sabereis com certeza que a Fraternidade da Rosa-Cruz está convosco em qualquer tempo e em quaisquer circunstâncias, mesmo nos momentos em que poderíeis sentir-vos abandonados por tudo e por todos. Com essa compreensão experimentais, de todo o vosso ser, a grande e verdadeira gratidão.

Oração

Quem voltar sua alma continuamente à Gnosis
bate com seu bordão na rocha dos obstáculos
e abre as fontes dos eternos mistérios.

Quem abrir o coração à luz insondável,
adorna-se com o manto do amor imperecível.

Quem sintonizar seu pensamento
com o conselho de Deus,
que está em segredo,
recebe o ser da Sabedoria.

Quem, com sua vontade renovada,
cumprir a vontade de Deus
ingressa na Ordem de Melquisedeque.

Quem, dessa maneira, partir para a ação,
entra no novo campo de vida.

Irmãos e Irmãs,
honremos, sirvamos e realizemos
a Gnosis quíntupla universal
através desse serviço mágico quíntuplo! Amém.

Bênção

Nossa prece fervorosa é que possais
servir à jovem Fraternidade gnóstica
na mais perfeita oblação.

Que o Deus da paz vos aperfeiçoe em toda a boa obra,
a fim de que façais sua vontade
e realizeis em vós o que é de seu agrado,
por intermédio de Jesus Cristo,
a quem seja a eternidade por toda a eternidade.

Elevados à luz de Deus.
Purificados na graça de Cristo.
Renovados pela salvação no Espírito Santo.

Irmãos e Irmãs a serviço da Gnosis:
que vosso caminho seja resplandecente como a aurora,
vossas forças, como as dos fortes,
e vossos atos, como os dos santificados! Amém.

Biografia dos autores

J. van Rijckenborgh (1896–1968)

Foi em Haarlem, Holanda, em 1896, numa família de orientação cristã, que nasceu Jan Leene, que adotou mais tarde o nome de J. van Rijckenborgh. Em 1924, com seu irmão Zwier Willem Leene, assentou as primeiras bases para uma verdadeira comunidade espiritual de libertação para a nova era: a *Casa Sancti Spiritus.*

Durante a Segunda Guerra Mundial, de 1940 a 1945, quando a Escola da Rosa-Cruz foi fechada pelas forças de ocupação e seu trabalho foi proibido, ele se aprofundou no *Corpus hermeticum,* nos escritos dos maniqueus e dos gnósticos, e na história dos cátaros. Os diversos ensinamentos desses escritos por ele encontrados levaram-no de volta à linguagem velada e simbólica dos manifestos rosa-cruzes.

Em 1956, no sul da França, com Catharose de Petri, ele encontrou o senhor A. Gadal, o guardião do legado espiritual dos cátaros. Dessa época em diante, a revelação do tesouro espiritual dos cátaros uniu-se à Escola da Rosacruz Áurea.

"O renascimento do homem animal em homem espiritual", que, em sua juventude, ouviu de H. de Hartog, não é, portanto, para J. van Rijckenborgh, nenhuma filosofia, porém uma necessária e pura ação. Esse renascimento até o estado de homem espiritual é trazido por meio de um processo, onde nenhum passo pode ser negligenciado. Assim J. van Rijckenborgh mostrou com a sua experiência que essa é uma senda que deve ser trilhada pela própria pessoa. Em sua Escola ele, até seu falecimento em 1968, explicou e esclareceu esse caminho a seus alunos, de todas as maneiras possíveis, lançando mão de antiquíssimos textos gnósticos.

Catharose de Petri (1902–1990)

H. Stok-Huyzer, mais tarde conhecida como Catharose de Petri, nasceu em 1902 em Roterdã. Pouco se conhece de seus primeiros anos de vida, pois ela era extremamente discreta e pouco relatava ou compartilhava sobre si mesma, porém, o que se sabe com segurança é que desde muito jovem estava consciente de ter uma missão espiritual em sua vida. Portanto, não é de surpreender que, em 1930, aos 28 anos, ela tenha se dedicado integralmente à sua missão, com o sr. J. van Rijckenborgh, de quem foi a mais importante colaboradora espiritual. Para ela, era evidente que nenhuma igreja cristã podia trazer uma verdadeira renovação religiosa para o autêntico pesquisador espiritual.

Ao lado do sr. J. van Rijckenborgh, ela dedicou toda a sua vida à construção da sétupla Escola Espiritual da Rosacruz Áurea "começando do nada", como dizia. Como parte desse trabalho eles escreveram livros, em conjunto e individualmente. Entre outras obras, explicaram para os homens da atualidade antigos textos gnósticos. Dessa forma, *A Gnosis Chinesa,* escrita por ambos, é um brilhante comentário do antigo texto hermético chinês: o *Tao Te King,* adaptado para nosso tempo.

Catharose de Petri era também extremamente ligada à fraternidade dos cátaros e escreveu alocuções nas quais esclarece o trabalho espiritual dos cátaros e seu legado material e imaterial.

Livros de autoria de J. van Rijckenborgh

- O advento do novo homem
- Análise esotérica do testamento espiritual da Ordem da Rosa-Cruz
  - Vol. I: O chamado da Fraternidade da Rosa-Cruz
  - Vol. II: Confessio da Fraternidade da Rosa-Cruz
  - Vol. III: As núpcias alquímicas de Christian Rosenkreuz - t.1
  - Vol. IV: As núpcias alquímicas de Christian Rosenkreuz - t.2
- Christianopolis
- Filosofia elementar da Rosacruz moderna
- A Gnose em sua atual manifestação
- A Gnosis original egípcia - tomos I, II, III e IV
- A luz do mundo
- O mistério da vida e da morte
- O mistério das bem-aventuranças
- O mistério iniciático cristão: Dei Gloria Intacta
- Os mistérios gnósticos da Pistis Sophia
- Não há espaço vazio
- Um novo chamado
- O Nuctemeron de Apolônio de Tiana
- O remédio universal

Livros de autoria de Catharose de Petri

- 24 dezembro 1980
- O Verbo Vivente

Série das Rosas

- Transfiguração · Tomo I
- O selo da renovação · Tomo II
- Sete vozes falam · Tomo III
- A Rosacruz Áurea · Tomo IV

Livros de autoria de J. van Rijckenborgh e Catharose de Petri

- O apocalipse da nova era
  - A veste-de-luz do novo homem · Série Apocalipse, vol. I
  - A Fraternidade Mundial da Rosa-Cruz · Série Apocalipse, vol. II
  - Os sinais poderosos do conselho de Deus · Série Apocalipse, vol. III
  - A senda libertadora da Rosa-Cruz · Série Apocalipse, vol. IV
  - O novo caduceu · Série Apocalipse, vol. V
- Série Pedra Angular
  - O caminho universal
  - A Fraternidade de Shamballa
  - A Gnosis universal
  - A grande revolução
  - O novo sinal
- A Gnosis chinesa
- Reveille!

Karl von Eckartshausen

- Algumas palavras do mais profundo do ser
- Das forças mágicas da natureza

Mikhail Naimy

- O livro de Mirdad

Antonin Gadal

- No caminho do Santo Graal

Série Cristal

- 1 - Do castigo da alma
- 2 - Os animais dos mistérios
- 3 - O conhecimento que ilumina
- 4 - O livro secreto de João
- 5 - Gnosis, religião interior
- 6 - Rosacruzes, ontem e hoje
- 7 - Jacob Boehme, pensamentos
- 8 - Paracelso, sua filosofia e sua medicina atemporais
- 9 - O Graal e a Rosacruz
- 10 - A rosa e a cabala

Outros títulos

- O evangelho dos doze santos
- Trabalho a serviço da humanidade
- O caminho da Rosacruz no dias atuais

IMPRESSO PELA GRAPHIUM GRÁFICA E EDITORA · (11) 2769–9056
A PEDIDO DO LECTORIUM ROSICRUCIANUM EM SETEMBRO DE 2012